Adam Friedrich Schwappach

Grundriss der Forst- und Jagdgeschichte Deutschlands

Adam Friedrich Schwappach

Grundriss der Forst- und Jagdgeschichte Deutschlands

ISBN/EAN: 9783955644178

Auflage: 1

Erscheinungsjahr: 2013

Erscheinungsort: Bremen, Deutschland

@ EHV-History in Access Verlag GmbH, Fahrenheitstr. 1, 28359 Bremen. Alle Rechte beim Verlag und bei den jeweiligen Lizenzgebern.

Grundriß
der
Forst- und Jagdgeschichte
Deutschlands

von

Dr. Adam Schwappach,

Königl. Preuß. Forstmeister, Professor an der Königl. Forstakademie Eberswalde
und Abteilungsdirigent bei der preußischen Hauptstation
des forstlichen Versuchswesens.

Zweite, vollständig neu bearbeitete Auflage.

Berlin.

Verlag von Julius Springer.

1892.

Vorwort zur zweiten Auflage.

Die freundliche Aufnahme, welche das bescheidene Büchlein gefunden hat, sowie das Entgegenkommen der Verlagsbuchhandlung haben es mir ermöglicht, nunmehr eine zweite Auflage desselben zu bearbeiten.

Seit dem Erscheinen der ersten Auflage sind so zahlreiche und grundlegende Arbeiten sowohl auf dem Gebiete der allgemeinen Wirtschaftsgeschichte als auch auf jenem der Forstgeschichte erschienen, daß eine vollständige Umarbeitung geboten erschien.

In formeller Anordnung unterscheidet sich die zweite Auflage von der ersten hauptsächlich dadurch, daß die Skizzen der allgemeinen Geschichte, sowie der Verfassungs- und Wirtschaftsgeschichte mit Ausnahme der Einleitung in Paragraph 1 ganz weggefallen sind, wodurch bedeutend an Raum für die Darstellung der Forst- und Jagdgeschichte gewonnen wurde, ohne den Umfang des Buches zu vergrößern. Soweit es unbedingt notwendig erschien, sind einige Bemerkungen über allgemeine Wirtschaftsgeschichte an den entsprechenden Orten eingeflochten worden. Einem mehrfach ausgesprochenen Wunsche entsprechend habe ich das dritte Kapitel bereits mit der Mitte des 18. Jahrhunderts, nicht erst, wie früher, mit dem Jahre 1790 abgeschlossen. Die nochmalige Teilung der neueren Forstgeschichte erschien dagegen bei dem beschränkten Umfang des Buches nicht als durchführbar.

IV.

Da inzwischen mein „Handbuch der Forst- und Jagdgeschichte" veröffentlicht worden ist, so konnte ich mich in diesem Grundriß auf eine kurze Schilderung der Thatsachen beschränken, während bezüglich der eingehenden Begründung der vorgetragenen Ansichten, sowie wegen des Beweismateriales auf das größere Werk verwiesen werden durfte.

Möge das Buch auch in der nunmehr vorliegenden Gestalt seine alten Freunde erhalten und sich noch zahlreiche neue erwerben!

Eberswalde, im März 1892.

Dr. Schwappach.

Inhalts-Übersicht.

		Seite
I. Abschnitt. Bis zum Ende der Karolingerperiode.		
§ 1.	Einleitung	1
§ 2.	Quellenkunde	7
1. Kapitel. Waldeigentum und Waldwirtschaft.		
§ 3.	Die ältesten Waldbilder	9
§ 4.	Waldeigentum	11
§ 5.	Waldbenutzung	13
§ 6.	Forststrafwesen	16
2. Kapitel. Jagdwesen.		
§ 7.	Jagdrecht	17
§ 8.	Jagdausübung	20
§ 9.	Jagdstrafwesen	21
§ 10.	Forst- und Jagdpersonal	22
II. Abschnitt. Vom Aussterben der Karolinger in Deutschland bis zum Mittelalter (911—1500).		
§ 11.	Quellenkunde	25
1. Kapitel. Waldeigentum.		
§ 12.	Königlicher Waldbesitz	27
§ 13.	Waldungen der großen Grundherren	28
§ 14.	Die Markwaldungen	29
§ 15.	Städtewaldungen	32
§ 16.	Waldnutzungsrechte	33
§ 17.	Grenzbezeichnung	34
2. Kapitel. Waldwirtschaft.		
§ 18.	Rodungen	34
§ 19.	Die Waldnutzungen	37
§ 20.	Die Anfänge der Forstwirtschaft	40

3. **Kapitel. Jagdwesen.**

§ 21. Wildbann und Forsthoheit … 43
§ 22. Jagdrecht … 45
§ 23. Jagdausübung … 47

4. **Kapitel. Strafwesen, Verwaltung und Litteratur.**

§ 24. Forst- und Jagdstrafwesen … 49
§ 25. Forst- und Jagdpersonal … 52
§ 26. Litteratur … 54

III. Abschnitt. Vom Schluß des Mittelalters bis zur Mitte des 18. Jahrhunderts (1500—1750).

§ 27. Quellenkunde … 56

1. **Kapitel. Waldeigentum.**

§ 28. Landesherrlicher Waldbesitz … 57
§ 29. Waldbesitz der Bauern, der Städte und des Adels … 59
§ 30. Forstberechtigungen … 61
§ 31. Grenzbezeichnung … 64

2. **Kapitel. Waldwirtschaft.**

§ 32. Rodungen … 64
§ 33. Regelung der Waldbenutzung … 65
§ 34. Natürliche Verjüngung … 68
§ 35. Künstliche Verjüngung … 73
§ 36. Bestandespflege … 75
§ 37. Betriebsregulierung … 76
§ 38. Holzhauerei und Holztransport … 78
§ 39. Holzverwertung … 80

3. **Kapitel. Forstpolitik, Forstverwaltung u. Forststrafwesen.**

§ 40. Forsthoheit … 81
§ 41. Forstpolitik … 83
§ 42. Forstverwaltung … 85
§ 43. Forststrafwesen … 88

4. **Kapitel. Forstwissenschaft.**

§ 44. Die Anfänge der forstlichen Litteratur … 90
§ 45. Die Entwicklung der Grund- und Hilfswissenschaften … 92

5. **Kapitel. Jagdwesen.**

§ 46. Jagdregal … 94
§ 47. Jagdrecht und Jagdpolizei … 95
§ 48. Jagdausübung … 98
§ 49. Jagdstrafwesen … 101
§ 50. Jagdlitteratur … 102

IV. Abschnitt. Neuere Forstgeschichte (seit 1750).

	Seite
§ 51. Quellenkunde	104

1. Kapitel. Waldeigentum.

§ 52. Staatswaldungen	104
§ 53. Kommunalwaldungen	108
§ 54. Forstberechtigungen	110

2. Kapitel. Waldwirtschaft.

§ 55. Einleitung	111
§ 56. Der Anbau schnellwüchsiger und fremder Holzarten	113
§ 57. Entwicklung des Femelschlagbetriebes	116
§ 58. Verbreitung des Femelschlagbetriebes	119
§ 59. Kahlschlag	123
§ 60. Sonstige waldbauliche Formen	125
§ 61. Künstliche Verjüngung	128
§ 62. Bestandespflege	131
§ 63. Das Massenfachwerk	134
§ 64. Kombiniertes Fachwerk und Flächenfachwerk	139
§ 65. Die Formelmethoden	143

3. Kapitel. Forstpolitik, Forstverwaltung u. Forststrafwesen.

§ 66. Forstpolitik	145
§ 67. Forstverwaltung	147
§ 68. Forststrafwesen	149

4. Kapitel. Forstwissenschaft.

§ 69. Die holzgerechten Jäger und die Kameralisten	151
§ 70. Die forstlichen Encyklopädisten sowie die Litteratur über Waldbau, Forstbenutzung und Forsteinrichtung	154
§ 71. Entwicklung der mathematischen Richtung der Forstwissenschaft	157
§ 72. Entwicklung der naturwissenschaftlichen und staatswissenschaftlichen Richtung	163
§ 73. Das forstliche Unterrichtswesen	167
§ 74. Das forstliche Vereinswesen	170
§ 75. Die forstlichen Zeitschriften	171

5. Kapitel. Jagdwesen.

§ 76. Jagdrecht	173
§ 77. Jagdausübung	174
§ 78. Jagdlitteratur	176

Litteratur.

Stieglitz, geschichtliche Darstellung der Eigentumsverhältnisse an Wald und Jagd in Deutschland. Leipzig, 1832.
Bernhardt, Geschichte des Waldeigentums, der Waldwirtschaft und Forstwissenschaft in Deutschland. Berlin, 1872—1875.
Roth, Geschichte des Forst- und Jagdwesens in Deutschland. Berlin, 1879.
Schwappach, Handbuch der Forst- und Jagdgeschichte Deutschlands. Berlin, 1885—1888.
Endres, die Waldbenutzung vom 13. bis Ende des 18. Jahrhunderts. Tübingen, 1888.

Für den biographischen Teil:

Heß, Lebensbilder hervorragender Forstmänner und um das Forstwesen verdienter Mathematiker, Naturforscher und Nationalökonomen. Berlin, 1885.

I. Abschnitt.
Bis zum Ende der Karolingerperiode.

Einleitung.

§ 1.

Als die Germanen auf ihrer großen Wanderung aus der asiatischen Heimat nach Westen sich allmählich innerhalb der Grenzen des heutigen Deutschlands ausbreiteten (etwa seit dem 7. Jahrh. vor Christus), waren sie zur Deckung ihres Lebensunterhaltes in erster Linie auf Viehzucht und Jagd angewiesen; Ackerbau wurde nur im Vorüberziehen und in äußerst extensiver Weise betrieben. Waren die Vorräte eines Gebietes erschöpft oder drängten andere Stämme von Osten her nach, so wurde die Wanderung wieder weiter westwärts fortgesetzt.

Privateigentum an Grund und Boden erschien bei dieser Lebensweise weder notwendig noch zweckmäßig; Sonderbesitz war wohl nur an der Fahrhabe, an den Sklaven und am Vieh vorhanden.

Erst als die Germanen im Westen und Süden im weiteren Vorrücken durch die Römer gehindert wurden, trat eine größere Seßhaftigkeit und der Übergang zu intensiverer Wirtschaft ein.

Nunmehr entwickelten sich die Hundertschaften zu den ersten ländlichen Wirtschaftsgemeinden. Die Hundertschaften waren nach Lamprecht[1] ursprünglich wohl die gentilicischen Unterabteilungen

---

[1] Lamprecht, deutsche Geschichte, Berlin 1891, S. 102.

des Volkes nach Mutterrecht, welche sich nach Aufkommen des Vater=
rechtes ihrem äußeren Umfange nach infolge ihrer taktischen Bedeutung
als Unterabteilungen des Volksheeres erhalten hatten.

Sie erscheinen zur Zeit von Cäsar und Tacitus als vorwiegend
militärische Abteilungen von etwa 100—120 Familienhaushalten
einer oder wohl fast stets mehrerer Sippen, mit einem Bevölkerungs-
stand, den man auf etwa tausend Seelen annehmen kann. Während
der damals beginnenden Seßhaftigkeit fing die Hundertschaft an,
räumlichen Charakter zu gewinnen; einige Quadratmeilen waren es,
welche jede derselben zur Unterkunft brauchte, um ihren Lebens=
unterhalt zu finden.

Diese Landstriche gliederten sich allmählich in drei Zonen:

1. Grenzwald, marca[1]) umfaßte nicht nur Wald, sondern
auch Sumpf, Seen, Flüsse und Felsen und trennte die Gebiete der
Hundertschaften oder auch größerer Abteilungen der Völkerschaften bezw.
diese selbst von einander. Ursprünglich hatte der Grenzwald vor=
wiegend nur die kriegerische Bedeutung des Schutzes gegen feindliche
Einfälle (die späteren „Landwehren" sind die letzten Erinnerungen
an dieselben), mit steigender Volkszahl wurde jedoch von diesem
„debatable ground" immer mehr zur wirtschaftlichen Benutzung
herangezogen. Je ausgedehnter das Grenzgebiet, desto geschützter und
reicher war daher der innerhalb desselben wohnende Volksteil.

2. Ohne scharfe Sonderung ging der Grenzwald über in die
Allmende[2]), welche den engeren Gürtel um die Gehöfte bildete und
aus mehr gelichtetem oder doch dem Zentrum der Ansiedlung näher
gelegenem Wald, aus Heide und Weide, sowie auch aus Seen, Flüssen
und Bächen bestand. In der frühesten Zeit gehörte das Feld
ebenfalls zur Allmende.

3. Sondereigen bestand ursprünglich nur an den Holz=
gehöften und dem diesen umgebenden Hofraum, erst späterhin, etwa

---

[1]) Mark (zusammenhängend mit margo) altnord. mörk, gothisch marka, alt=
sächsisch marka, althochdeutsch marc = Grenze, Wald, weil Wälder meist die Grenze
bildeten; Mark bedeutet aber auch das innerhalb der Grenze liegende Gebiet selbst.

[2]) Bayrisch gemain, friesisch hammerka, diethm. meenmarks, sächsisch meente,
lat. commune, communitas, commarchia, abzuleiten von „allgemein" oder auch von
„allen Männern".

im 6. Jahrhundert nach Christus, wurde auch das Feld zum Sondereigen.

Bei der Niederlassung nahm die Hundertschaft in Anwendung ihres kriegerisch-kameradschaftlichen Geistes gemeinsam die Ausbeutung des Terrains in Angriff. Gemeinschaftlich machte man sich an die Rodung des Waldes, die feindliche Urmacht des Landes, und das enge Zusammenwirken führte nunmehr zur Begründung wirtschaftlicher und genossenschaftlicher Gemeinsamkeit. Je seßhafter die Hundertschaften wurden, desto mehr überwogen die wirtschaftlichen Beziehungen; im Verlauf weniger Generationen entwickelte sich die militärische Abteilung der Hundertschaft zur Wirtschaftsgemeinde, zur Markgenossenschaft mit weitgehenden ökonomischen Bestrebungen. Diese Verbindung der ursprünglich durch Familienbeziehungen zusammengehörigen freien Männer, welche innerhalb einer bestimmten Gemarkung saßen, war die älteste Form einer sozialen und wirtschaftlichen Organisation.

Die Zunahme der Bevölkerung führte aber bald, etwa seit dem Ende des zweiten Jahrhunderts nach Christus, dazu, daß sich innerhalb der Hundertschaft engere und festere Wirtschaftsgemeinden auszuscheiden begannen, nämlich die **Familienhaushalte in sippenhafter Gruppierung**. Bald in einem einzigen Dorf, bald in mehreren Weilern, bald nur in Einzelhöfen siedelten sich die Familien einer Sippe dauernd an und begannen innerhalb der älteren Wirtschaftsverfassung der Hundertschaft auf der ihnen ausgeschiedenen Sondermark (Zendereimark) mit Fluren, Weiden und Wäldern eine kleinere Wirtschaftsgemeinde stetigen Charakters zu bilden. Daneben blieben meist noch bald größere, bald kleinere Reste der alten Hundertschaftsmark fortbestehen.

Teilung, Auswanderung und ungleiche Vermehrung zerstörten im Lauf der Zeit die Identität von Gemeinde und Geschlechtsgenossenschaft, es kam der Begriff der Nachbarfreundschaft auf; statt und zwischen den Geschlechtsgenossenschaften bildete sich die Genossenschaft der Nachbarn, Dorfmarkgenossen, vicini oder commarchani aus.

Den einzelnen Markgenossen stand ein Inbegriff von Rechten an der Mark zu, welche als objektive Einheit mit dem Namen Hufe, mansus, bezeichnet wurde und aus der Hofstatt, dem Anspruch auf ein Feldlos[1]) und dem Anrecht auf das Gemeindeland bestanden. Die einfache Hufe war überall gleichwertig und entsprach je dem Bedürfnisse einer Familie.

Ursprünglich gab es auch kein Erbrecht an der Hufe; einer der Söhne übernahm das elterliche Anwesen, die übrigen hatten ebenfalls Anspruch auf eine volle Hufe; war keine vakant, so wurde eine solche durch Rodung in der Allmende geschaffen. Als im Lauf der Zeit Acker, Wiese und endlich die ganze Hufe in das Privateigentum übergingen, wurde auch die Hufe vererblich und veräußerlich, womit gleichzeitig die Zersetzung der genossenschaftlichen Gemeindeverfassung begann.

War auch eine volle Gleichheit des Grundbesitzes schon in der ältesten Zeit niemals vorhanden gewesen, so bestand doch bis zur Gründung des großen Frankenreiches wenigstens innerhalb der Hauptmasse der freien Grundbesitzer kein sehr wesentlicher Unterschied wie der Bedürfnisse, so auch des Vermögens.

Hierin trat seit dem 6. Jahrhundert ein sehr wesentlicher Umschwung durch die Ausbildung einer starken **königlichen Centralgewalt** sowie infolge der sich nunmehr entwickelnden **großen Grundherrschaften** ein.

Während durch letztere ausgedehnte Landstriche der freien Benutzung entzogen wurden, machte sich gleichzeitig infolge der Vermehrung der Bevölkerung und der schon früh eintretenden Abschließung vieler Marken gegen weiteren Zuzug sowie unter Karl dem Großen auch durch massenhafte Versetzung von unterworfenen Völkerschaften nach entlegenen Landesteilen eine steigende Nachfrage nach Gelegenheit zur Gründung von neuen Niederlassungen bemerkbar.

Für alle vermögenslosen Leute boten aber die ausgedehnten Grundherrschaften der Kirche und weltlichen Großen willkommene Zufluchtsstätten, in welchen sie ein Grundstück zur selbständigen Bebauung, Schutz im persönlichen Recht und Anteil an neu auf grundherrlichem Gebiet sich entwickelnden Hofmarkgenossenschaften fanden, wofür sie als Hintersassen den Grundherren zur Treue und gewissen

---

[1]) Die Größe des zu einer Hufe gehörigen Feldlandes, gewöhnlich selbst Hufe genannt, war nicht in allen Gegenden Deutschlands gleich, sondern schwankt zwischen 30 und 60 Morgen.

Abgaben verpflichtet waren. Hiermit war allerdings auch eine anfangs zwar nur geringfügige, späterhin aber sehr erheblich gesteigerte Minderung der persönlichen Freiheitsrechte verbunden.

Zahlreiche Gründe wirkten zusammen, um auch in den älteren Markgemeinden die kleinen Freien zu veranlassen, sich in ein Schutz- und Abhängigkeitsverhältnis zu geistlichen oder weltlichen Großen zu begeben. Als solche sind zu nennen: die durch das strenge Kompositionensystem der Volksrechte bedingte Verschuldung und Verarmung, die Heeresverfassung mit ihren zahlreichen Aufgeboten, ihrer kostspieligen Ausrüstung und Unterbrechung des Wirtschaftsbetriebes, ferner die heillose Verwüstung, welchen das Land unter den späteren Karolingern durch innere Kriege und feindliche Einfälle preisgegeben war, sowie endlich häufig auch der Wunsch nach Vergrößerung des Grundbesitzes. Bei den Traditionen an die Kirche kam noch weiter in Betracht, daß man glaubte, hiermit ein gottgefälliges Werk zu thun.

Durch die zahlreichen Schenkungen, Traditionen, Kommendationen ꝛc. war die frühere Gleichheit des Grundbesitzes bald vollständig geschwunden und damit die Grundlage der Genossenschaft, welche nicht nur auf Gleichberechtigung, sondern auch auf Gleichwertigkeit der Genossen beruhte, aufgehoben.

Die alte markgenossenschaftliche Organisation der freien Grundbesitzer war mit wenigen Ausnahmen bereits im Verlauf der Karolingerzeit in Verfall gekommen, sie hatte den Markgenossen weder einen sozialen, noch einen wirksamen wirtschaftlichen Halt zu bieten vermocht. Die Entstehung einer weitgehenden Ungleichheit des Besitzes und das Ueberwuchern grundherrschaftlicher Interessen war durch sie ebensowenig verhindert als die hierdurch bedingte Ergebung der Genossen zu Zins und Dienst. Die Folge hiervon war zunächst eine vorwiegende Ausbeutung der Allmende durch die wirtschaftlich stärksten unter den Mitmärkern, die Grundherren. Diese faktische Beherrschung der Markgenossenschaft zwang immer aufs neue wirtschaftlich schwächere Mitmärker in deren Machtbereich, ja das Genossenrecht derselben steigerte sich allmählich zu einem Obereigentum an der Markallmende und zu einer persönlichen Herrschaft.

Die Grundherren machten von dieser überlegenen Position bald einen umfassenden Gebrauch und setzten immer mehr die Ordnung des herrschaftlichen Verbandes an die Stelle des autonom-marktgenossenschaftlichen.

Auf diese Weise verwandelte sich die weitaus überwiegende Mehrheit der alten freien markgenossenschaftlichen Verbände in solche, in welchen herrschaftliche und genossenschaftliche Elemente gemischt waren, bis schließlich seit dem 9. Jahrhundert die meisten Markgenossenschaften grundherrlich wurden.

Die von der Grundherrschaft noch anerkannten Reste der alten Markverfassung, sowie diejenigen Freien und freien Markgenossenschaften, welche nicht dem grundherrlichen Verbande anheimgefallen waren, wurden endlich durch die seit dem 9. Jahrhundert sich entwickelnde und immer weiter ausbreitende Vogtei[1]) ergriffen. Ursprünglich war dieselbe eine in den damaligen Zeiten sehr wertvolle herrschaftliche Vertretung des Bevogteten vornehmlich vor Gericht und im Krieg, dieselbe erweiterte sich aber in den folgenden Jahrhunderten gegenüber den Marken zu einem Institut, welches sich unter günstigen Bedingungen von der grundherrschaftlichen Marktherrlichkeit kaum noch unterschied.

Vorwiegend nur als Waldinteressentenschaft und als Organ für gewisse Aufgaben der Markpolizei äußerte die ehemals freie Markgenossenschaft seit dem Schluß der Karolingerperiode noch ein Leben, aber in allen wesentlichen Stücken war ihre nunmehrige Organisation und Wirksamkeit gleichartig mit jenen kleinen Dorfmarkgenossenschaften späterer Bildung, welche durch Umformung alter Institutionen oder durch neue Schöpfung auf dem Boden der Grundherrschaft erwachsen und im Rahmen des Hofrechtes organisiert waren.

Während sich so die großen Grundherrschaften fortwährend weiter ausdehnten und nach unten immer größere Kreise in den Bereich ihrer Machtsphäre zogen, lösten sie sich gleichzeitig nach oben mehr und mehr von der Einwirkung der öffentlichen Gewalt durch die Ausbildung des Begriffes der Immunität los.

Dieser hatte schon in der merovingischen Zeit bestanden und gestaltete sich aus einer Abgabenfreiheit an den Staat allmählich zu

---

[1]) Vergl. Lamprecht, deutsches Wirtschaftsleben im Mittelalter, Leipzig 1886, I, 2 S. 1062 ff.

einem Inbegriff von Hoheitsrechten um, deren wichtigste die Exemtion von der Grafengewalt, der Heerbann und die Gerichtsbarkeit über die Hintersassen waren; alles zusammen gab den Immunitäten den Charakter besonders abgegrenzter Hoheitsgebiete. Die großen Grundherrschaften wurden auf diese Weise die Krystallisationskerne fürstlicher Territorien, die Grundlage einer ersten Territorialverwaltung und damit die Basis einer eigenständigen Fürstenmacht.

Wald und Jagd in der ältesten Zeit.

§ 2. Quellenkunde.

Als Quellen für die Geschichte des Forst- und Jagdwesens von den ältesten Zeiten bis zum Schluß der Karolingerperiode kommen in Betracht:

1. Verschiedene römische Schriftsteller, namentlich Caesar (de bello gallico), Tacitus (Germania und Annales), Cassius Dio (Historia romana), Strabo (Geographica), Plinius (Historia naturalis) und Cassiodor (Historia Gothorum).

2. Die Volksrechte (leges barbarorum),[1]) d. h. die ältesten Rechtsaufzeichnungen der deutschen Volksstämme; sie stammen, wenigstens in ihren ersten Niederschriften, aus der Zeit vom 5. bis zum 8. Jahrhundert und enthalten teils altes Gewohnheitsrecht, teils Rechtssatzungen, welche neu vom Volk oder dem König unter Mitwirkung des Volkes, in einigen Fällen auch unter jener von Rechtsgelehrten aufgestellt wurden.

Als solche sind anzuführen:

a) Lex salica, zuerst zwischen den Jahren 486 und 496 abgefaßt.

b) Leges Burgundionum, sie stammen ebenfalls aus den letzten Dezennien des 5. Jahrhunderts und sind uns in der Fassung aus dem Jahre 517 erhalten.

---

[1]) Vergl. Schwappach, die forst- und jagdgeschichtliche Bedeutung der deutschen Volksrechte. Forstwissenschaftliches Zentralblatt, 1883 S. 205.

c) **Lex Visigothorum**, wir kennen aus der älteren Zeit nur Bruchstücke der um das Jahr 600 erfolgten Kodifikation, welche als sog. lex antiqua Visigothorum in die während der zweiten Hälfte des 7. Jahrhunderts erfolgten Redaktionen übergegangen sind.

d) **Lex Ribuariorum**, die uns erhaltene Fassung scheint aus verschiedenen, ungleich alten Abschnitten, deren Niederschrift sich vom Anfang des 6. Jahrhunderts bis zur Mitte des 8. Jahrhunderts hinzog, zu bestehen.

e) **Leges Alamannorum**, erhalten in der Fassung aus dem Anfang des 7. Jahrhunderts (613—622).

f) **Leges Langobardorum**, den Hauptteil derselben bildet das im Jahre 643 erlassene Gesetzbuch des Königs Hruodhari, der edictus Rothari.

g) **Lex Bajuvariorum** ging um das Jahr 635 aus der Redaktion einer Kommission von vier Rechtsgelehrten hervor.

h) **Lex Saxonum** stammt wahrscheinlich aus der Zeit von 785—797.

i) **Lex Angliorum et Werinorum, hoc est Thuringorum**, sie dürfte um das Jahr 800 aufgezeichnet worden sein.

k) **Lex Frisionum** scheint aus den ersten Jahren des 9. Jahrhunderts (wahrscheinlich 802) zu stammen.

3. Die Königsgesetze, welche seit der Ausbildung des fränkischen Königstums zur Ergänzung und Weiterbildung der Volksrechte erlassen wurden, unter den Karolingern erhielten sie den technischen Namen „Kapitularien".

4. Die Formelsammlungen d. h. Zusammenstellungen von Konzepten, welche teils wirklich vollzogenen Rechtsgeschäften unter Hinweglassung konkreter Beziehungen des speziellen Falles entnommen, teils auch als Muster für solche niedergeschrieben sind.

5. Urkunden über rechtliche Vorgänge, wie z. B. Kauf, Tausch, Schenkung.

6. Für die Forst- und Jagdgeschichte kommen auch noch einzelne Schriftsteller jener Periode in Betracht, namentlich **Gregor Turonensis** (historia Francorum) und **Einhardi vita Caroli Magni** und **vita S. Sturmii**.

1. Kapitel. Waldeigentum und Waldwirtschaft.

§ 3. Die ältesten Waldbilder.

Zeugen der Beschaffenheit des Waldes in vorhistorischer Zeit sind in den Pfahlbauten erhalten, und zwar sowohl durch die in den Seegrund eingerammten Pfähle als auch durch die zwischen diesen gefundenen Überreste von Waffen und Nahrungsmitteln (Küchenabfälle, Kiökkenmöddinger). Zu Pfählen sind namentlich Eichen, Birken, Aspen und Tannen benutzt, in den Küchenabfällen finden sich Waffen und Geräte aus Eichen-, Eiben- und Ahornholz, ferner: Eicheln, Bucheln, Haselnüsse, Kiefern- und Fichtenzapfen.

Überreste von Bäumen und hölzernen Geräten aus relativ jüngerer Zeit wurden vielfach in den Torflagern, sowie in den sog. Hünengräbern gefunden, ferner sind hier noch die Pfähle römischer Brücken (z. B. Mainz) zu erwähnen.

Alle diese Reste rühren jedoch von gegenwärtig noch in Deutschland vorhandenen Holzarten und zwar meistens von Laubhölzern her.

Die ersten schriftlichen Nachrichten über die forstlichen Verhältnisse Deutschlands finden sich in den Schriften der Römer. Diese entwerfen von den damaligen Zuständen eine Schilderung, wie sie abschreckender kaum gedacht werden kann. Das Land war nach ihnen bedeckt mit Wäldern und Sümpfen; Regen und Nebel ließen nur selten die Sonne zum Durchbruch kommen. Diese Angaben werden leichter verständlich, wenn man bedenkt, daß die Verfasser an die hochkultivierten und klimatisch so bevorzugten Verhältnisse Italiens und Griechenlands gewöhnt waren.

Über die Beschaffenheit des Waldes sowohl als auch über dessen Ausdehnung in der ältesten Periode, sowie über die Fortschritte des Anbaues geben auch die Ortsnamen höchst wertvolle Aufschlüsse und zwar nicht nur die Namen der bewohnten Orte, sondern noch in höherem Maße die Bezeichnungen der Feld- und Walddistrikte.

Hierher gehören zunächst die Zusammensetzungen mit: wald, struth (= Wald und zwar vorwiegend Laubwald), hart (= Waldgebirge), holz, hecke, lohe, schachen, sowie in den linksrheinischen Landesteilen mit: scheit, abgeleitet von dem keltischen cêtum = Wald, z. B. Hönscheid, Quirinescheid; vielfach wurde auch das Wort,

welches ehedem den Wald oder die hier vorkommende Holzart bezeichnete, durch ein hinzugesetztes — acker, — breite, — feld der veränderten Kultur angepaßt, z. B. Allerbreite, Birkfeld. Weiter sind
für diese Untersuchungen jene Namen bedeutsam, welche durch die
Verbindung mit: rod (bairisch riet, ostfränkisch reut, schweizerisch rüti),
grün (im Gegensatz zum „schwarzen", d. h. Nadelwald), schwand
brand, hagen, sang ɔc., auf früher vorhandenen, durch Kulturarbeit
verschwundenen Wald hindeuten.

Wie auf die Ausdehnung des Waldes, so kann man aus den
Namen auch einen Schluß auf die Art, auf die Beschaffenheit
desselben ziehen. In dieser Beziehung ist der Umstand sehr bemerkenswert, daß die Verbindung mit Laubholznamen jene mit der
Bezeichnung für Nadelholz (meist „Tanne") weitaus überwiegt.

Indessen darf dieser Thatsache in statistischer Hinsicht doch deshalb kein zu großes Gewicht beigelegt werden, weil der geringere
Boden, auf welchem das Nadelholz vorherrscht, auf den Ansiedler
überhaupt weniger Anziehungskraft ausübt und dann auch wegen
des Umstandes, daß in Gegenden, wo eine Holzart überwiegt, diese
nicht wohl benutzt werden kann, um charakteristische Namen zu bilden.

Auf eine die jetzige Waldfläche weit überragende Ausdehnung
der Forsten deuten ferner sowohl verschiedene Zeugnisse der deutschen
Schriftsteller aus dem 8. und 9. Jahrhundert als auch die zahlreichen
Urkunden über ausgedehnte Rodungen, welche bis zum Schluß des
Mittelalters fortdauerten.

Als Resultat dieser Untersuchungen ergiebt sich, daß der Wald
in der ältesten Zeit einen ganz erheblich größeren Teil Deutschlands
bedeckt hat, als dieses heute der Fall ist, sowie daß die jetzt noch
vorhandenen Waldungen nur mehr kleine Reste der früheren ungeheuren
Forsten darstellen.

Man darf jedoch nicht annehmen, daß Deutschland bei Beginn
der geschichtlichen Überlieferung ganz mit Wald bedeckt gewesen sei.
Gegen diese Auffassung sprechen sowohl die großen Heeresmassen der
Germanen, welche gegen Cäsar ins Feld zogen, als andererseits die
Angaben von deutschen Schriftstellern aus dem frühen Mittelalter,
z. B. Eginhard über das Fehlen von Wald in dem auch heute holz-

armen Nordwestdeutschland, im Grenzgebiet des alten Frankens und
Sachsens.

Die angeführten Quellen lassen ferner auch ersehen, daß die
Laubhölzer, und namentlich die Eichen, früher viel weiter verbreitet
waren als heutzutage.

Die Vergleichung unserer Baumvegetation mit den Überresten
der Pfahlbauten ergiebt schließlich noch, daß seit der grauen Vorzeit,
bis in welche uns diese zurückführen, eine durchgreifende Veränderung
der deutschen Waldflora nicht stattgefunden hat.

§ 4. Waldeigentum.

Wie in der Einleitung angeführt worden ist, hat bei Gründung
der ersten bleibenden Niederlassungen die Besitzergreifung des Landes
durch die Gesamtheit der wandernden Abteilung, meist der Hundert=
schaft, in anderen Fällen wohl auch durch die nächst höhere staats=
rechtliche Einheit, den Gau, stattgefunden. Dieser Gemeinbesitz an
Grund und Boden dauerte auch nach Ausscheidung engerer Wirtschafts=
genossenschaften fort. Es ist anzunehmen, daß nicht das ganze, vom
Gau in Anspruch genommene Territorium vollständig unter die ein=
zelnen Hundertschaften bezw. die Markgenossenschaften verteilt wurde,
sondern diese haben sich wohl lediglich an den ihnen günstig er=
scheinenden Stellen angesiedelt und das nächstgelegene Land, soweit
es zur Weide= und Jagdausübung notwendig war, als Allmende be=
nützt, während noch mehr oder minder ausgedehnte Landstriche als
Grenzwald zwischen den einzelnen Ansiedlungen liegen blieben, über
welche häufig die Hundertschaft bezw. der Gau sich die Verfügung
vorbehielt. Bei der dünnen Bevölkerung des früheren Mittelalters
waren auch außerdem noch große Strecken vollständig herrenlosen
Landes vorhanden.

Innerhalb der Allmende ging die Feldmark verhältnismäßig
frühzeitig zunächst in den Sonderbesitz und weiterhin in Sondereigentum
über, während bezüglich des Restes, welcher vorwiegend aus Wald
bestand, der Gemeinbesitz noch jahrhundertelang fortbestand und sich
teilweise, allerdings in erheblich beschränkter und veränderter Form,
bis zur Gegenwart erhalten hat.

Nach der Ausbildung des Reichskönigtums durch die Merovinger nahmen die Könige alles herrenlose Land, nach einer Ansicht als res nullius, nach anderer Meinung auf Grund eines ihnen zustehenden Bodenregales, für den Fiskus bezw. für sich in Anspruch. Auf diese Weise gingen höchst bedeutende, meist bewaldete Landstriche und hierunter erhebliche Stücke des alten Grenzwaldes in den Besitz der Könige über, welche auch bezüglich der den Hundertschaften und Markgenossenschaften verbliebenen Allmenden ein ziemlich weitgehendes Verfügungsrecht geltend machten.

Um das Jahr 600 waren Allmendewald und königlicher Wald wohl die einzigen Besitzformen.

Die ersten dürftigen und teilweise zweifelhaften Nachrichten über Privatbesitz an Wald stammen für die auf deutschem Boden seßhaften Völkerschaften aus dem Anfang des 7. Jahrhunderts, doch ist derselbe damals wohl nur in sehr untergeordnetem Maßstabe vorgekommen und eine Folge von frühzeitigem Ausscheiden einzelner Waldstücke aus der Allmende.

Dieses Verhältnis wurde durch die Christianisierung des Landes und die Ausbildung der großen Grundherrschaften wesentlich verändert. Infolge dieser Vorgänge fiel nicht nur in der Zeit vom 7. bis zum 9. Jahrhundert der weitaus größte Teil des ausgedehnten königlichen Grundbesitzes an die Kirche und an weltliche Große, sondern diese wußten auch, wie früher bereits angeführt, das Eigentum vieler Allmenden an sich zu reißen.

Hierdurch entwickelte sich nun als dritte, sehr verbreitete Form das Waldeigentum der großen Grundherren, während der kleine bäuerliche Privatwaldbesitz im frühen Mittelalter wirtschaftlich nicht in Betracht kommt.

Bei der Gründung neuer Niederlassungen auf dem Territorium der Grundherren wurde den Kolonen meist ein Teil des herrschaftlichen Waldes als Allmende der Hofmarkgenossenschaft überwiesen, seltener gewährte man damals den Hintersassen lediglich Nutzungsrechte am Herrenwald.

Waldnutzungsrechte wurden zwar im 8. und 9. Jahrhundert ebenfalls schon in einigen Fällen verliehen, aber fast ausschließlich nur an einzelne Geistliche oder an Klöster.

Der bald mehr bald minder breite Grenzwald bildete in der

ältesten Zeit die Scheide zwischen den einzelnen Völkerschaften und deren Unterabteilungen. Als aber mit der Zunahme der Bevölkerung eine genauere Grenzbezeichnung notwendig wurde, benutzte man hierfür soweit als möglich die natürlichen, durch die Terrainausformung gegebenen Linien wie: Wasserscheiden, Wasserläufe, Schluchten 2c. Indessen mußte man doch schon frühzeitig auch zu künstlichen Grenzmalen greifen; als solche werden bereits in den Volksrechten und dann das ganze Mittelalter hindurch in erster Linie Bäume erwähnt, in welche Kreuze eingehauen oder Nägel eingeschlagen waren; diese Einschnitte hießen althochdeutsch lab, woher die Bezeichnung: Lachbaum (unrichtig öfters „Lochbaum") für Grenzbaum.[1])

Außer den Bäumen wurden ebenfalls schon nach den ältesten Quellen, aber weit weniger häufig, Erdhügel, Marksteine, sowie in Felsen gehauene Zeichen zur Kenntlichmachung der Grenze benutzt.

§ 5. Waldbenutzung.

Der Wald nahm in der Volkswirtschaft der Urzeit und des frühen Mittelalters eine ganz besonders wichtige Stellung ein.

In den ältesten Zeiten geschichtlicher Überlieferung bildete er nicht nur die Herberge für die zur Ernährung unentbehrlichen Wildmassen, sondern Urwald und Sumpf deckten die Deutschen auch erfolgreicher gegen das wiederholte Andringen der Römer als die festeste Burg; ihnen ist es zu danken, daß unsere Vorfahren der römischen Kriegskunst dauernd Widerstand zu leisten vermochten.

Sobald aber die deutschen Stämme feste Wohnsitze eingenommen hatten und zu intensiverer Wirtschaft übergingen, wurde der Wald zu einem Kulturhindernis und dessen Rodung die Vorbedingung für eine wirtschaftliche Weiterentwickelung. Der unermeßliche Wald bot noch für Jahrhunderte reiche Gelegenheit zur Anlage neuer Niederlassung für die rasch anwachsende Bevölkerung und zur produktiven Verwendung der überschüssigen Arbeitskräfte.

Vom allgemein wirtschaftlichen Standpunkt wurde fast das ganze Mittelalter hindurch der größte Gewinn aus dem Walde durch die

---

[1]) Von dem Einschneiden der Grenzmale stammt das mittelalterlich lateinische sinaida, das niederdeutsche snaadbom und wohl auch das moderne Wort „Schneise".

Rodung gezogen. Bei allen Rechtsgeschäften, deren Objekt der Wald bildete, wird deshalb lange Zeit die Rodung unter den Nutzungen in erster Linie aufgeführt: excolant atque possideant! Die Rodungsbefugnis in der Allmende stand, anfangs wenigstens, jedem Markgenossen uneingeschränkt zu.

An die gemeinschaftlichen Rodungen bei Gründung der ersten Niederlassung schloß sich demnächst mit der Zunahme der Bevölkerung die Schaffung neuer Wohnsitze nach dem Belieben der einzelnen Genossen an, welche naturgemäß an den günstigst gelegenen Stellen erfolgte. Der eigentliche Ausbau des Landes, die schwere Kulturarbeit an Wald und Sumpf wurde jedoch erst seit dem 8. Jahrhundert durch die einflußreichsten Elemente jener Periode, die großen Grundherrschaften, begonnen. Dieselben waren in der Lage, mit den zahlreichen, ihnen zur Verfügung stehenden Arbeitskräften Unternehmungen durchzuführen, für welche die Mittel des einzelnen kleinen Freien nicht ausreichten; auf ihren Besitzungen war aber auch die weitere, für derartige Arbeiten unentbehrliche Voraussetzung gegeben, nämlich gemeinschaftliches, geordnetes Wirken nach einem einheitlichen Willen.

Der Löwenanteil an der Kolonisation der deutschen Gebiete während der Karolingerzeit dürfte der Kirche und namentlich den zahlreich entstehenden Klöstern zuzuweisen sein.

Unter dem Einfluß der geistlichen und weltlichen Grundherren erhielt das Aussehen des Landes in verhältnismäßig kurzer Zeit auf weiten Gebieten einen ganz veränderten Charakter.

Daneben dauerte in dieser Periode die Rodung des Waldlandes durch die kleinen freien Grundbesitzer ebenfalls noch fort.

Die Rodung bildete einen der wichtigsten Titel für die Erwerbung von Eigentum an Grund und Boden, von welchem auch in der ausgedehntesten Weise Gebrauch gemacht wurde.

Die ersten Beschränkungen erfuhr die freie Rodungsbefugnis durch die unten noch näher zu besprechende Errichtung von Bannforsten.

Der Holzbestand wurde bei den Rodungen wohl nur zum kleineren Teile mit der Axt, sondern vorwiegend in rascherer und müheloserer Weise mit Hilfe des Feuers entfernt.

Eine feste Grenze zwischen Wald und Feld hat zu jener Zeit noch nicht bestanden. Man brannte an bequem gelegenen Stellen den Wald streckenweis nieder, baute einige Jahre Saatfrucht und ließ, sobald der Boden keinen Ertrag mehr gewährte, den Wald wieder wachsen.

Die Bevölkerung war aber auch noch in anderer Richtung zur Befriedigung ihrer wirtschaftlichen Bedürfnisse vorwiegend auf den Wald angewiesen.

Da nicht nur die Wohnungen der ländlichen Bevölkerung, sondern auch vielfach jene der größeren Besitzer, sowie die meisten öffentlichen Gebäude bis zum 12. Jahrhundert und teilweise sogar bis zum Schluß des Mittelalters ganz oder doch zum größten Teil aus Holz bestanden, so war der Verbrauch an Bauholz, Balken und Brettern ein ganz gewaltiger. Auch die meisten Gegenstände des täglichen Gebrauches wurden aus Holz gefertigt, die Beleuchtung erfolgte vorwiegend durch Späne (am liebsten aus Aspenholz) und die Heizung der schlecht konstruierten Häuser erforderte ganz enorme Mengen von Holz.

In dem Güterverzeichnis der Abtei Prüm aus dem Jahre 893 wird unter den Leistungen der Hintersassen auch bereits die Lieferung von Lohrinde erwähnt.

Von einer Regelung der Holznutzung nach forsttechnischen oder auch selbst nur nach wirtschaftlichen Gesichtspunkten ist aus den Quellen des frühen Mittelalters nichts zu entnehmen. Leichte Zurichtung und bequemer Transport waren die Rücksichten, nach welchen die Entnahme des Holzes aus dem Walde erfolgte.

Nicht minder wichtig als Holz waren damals die jetzt sogenannten Nebennutzungen: Schweinemast, Weide und Bienenzucht.

Mit der Ordnung des Schweineeintriebes befassen sich schon die Volksrechte, allerdings mehr jene der Westgothen und Langobarden, welche innerhalb der Grenzen des ehemaligen römischen Reiches und zwischen römischen Provinzialen seßhaft waren, als die Volksrechte der auf deutschem Boden heimischen Stämme. Erst in den Kapitularien und den sonstigen Quellen aus dem 8. und 9. Jahrhundert finden sich eingehende Bestimmungen über die rasch an Bedeutung gewinnende Schweinezucht; wurde doch im 9. und 10. Jahrhundert die Größe des Waldes häufig nach der Zahl der Schweine geschätzt, welche darin zur Mast eingetrieben werden konnten.

Für die Pflege der Bienenzucht war einerseits der Bedarf nach Honig als Zusatz zu den Speisen und zur Bereitung des Metes, als andererseits auch jener für Wachs maßgebend, welches besonders für kirchliche Zwecke unentbehrlich war. Der sog. Wachszins war deshalb eine der gebräuchlichsten Abgaben auf den kirchlichen Grundherrschaften.

Bezüglich einer weiteren Waldnutzung, nämlich der aus verschiedenen Gründen hochgeschätzten Jagd, wird weiter unten näheres folgen.

Bei der damals herrschenden Naturalwirtschaft fand ein Verkauf von Holz und anderen Waldprodukten gegen Geld nicht statt. Soweit hierfür überhaupt eine Gegenleistung gegeben werden mußte, bestand dieselbe entweder in einer Naturalabgabe an Getreide (Forsthafer!), Eier, Hühnern, Wachs, Eicheln ɾc. oder, wo es die Natur der Nutzung zuließ, wie namentlich bei der Mast und Harznutzung, in dem Zehent von den eingetriebenen Schweinen oder den gewonnenen Produkten.

§ 6. Forststrafwesen.

Holz war während des ganzen zu besprechenden Zeitabschnittes in solchem Überfluß vorhanden, daß es, wenigstens im Sinne der reindeutschen Volksrechte, als freies Gut betrachtet wurde, von dem jeder nach Bedarf und Belieben nehmen konnte. Die Lex ribuariorum charakterisiert diese Anschauung sehr gut durch die Worte: quia non res possessa, sed de ligno agitur. Den Charakter eines rechtlich geschützten Objektes erhielt das Holz erst dadurch, daß eine Handlung an demselben vorgenommen wurde, welche erkennen ließ, daß Jemand davon Besitz ergriffen hatte, daß es also eine res possessa geworden war; dieses war der Fall, wenn ein Baum mit einem entsprechenden Zeichen versehen, oder wenn ein Stamm gefällt und behauen, oder Holz zusammen geschafft worden war. Die unberechtigte Fällung masttragender Bäume wurde nach den meisten Volksrechten wegen ihrer Bedeutung für Schweinemast und wohl auch für die Jagd bestraft.

Verhältnismäßig schwer wurden unberechtigter Schweineeintrieb sowie unbefugte Entnahme von Bienen und Wildhonig geahndet, strenge Buße war auf die Verrückung von Grenzzeichen und auf Brandstiftung gesetzt.

Auf dem Gebiete des Forststrafrechtes gelangte bei den Westgoten, Burgundern und Longobarden der infolge des Einflusses des römischen Rechtes viel schärfer ausgeprägte Eigentumsbegriff für Wald und Waldnutzungen deutlich zum Ausdruck, indem die Volksrechte dieser Stämme ungleich reicher an solchen Bestimmungen sind als jene der übrigen Völkerschaften.

Als **Strafmittel** für Forstfrevel waren hauptsächlich Vermögensstrafen gebräuchlich, welche nach dem herrschenden Kompositionensystem dem Beschädigten zufielen, nur bezüglich der Grenzverrückung kam bei den Longobarden schon das öffentlich-rechtliche Interesse dadurch zur Geltung, daß die Hälfte der Strafe dem Könige gehörte. Bei den Westgoten und Longobarden wurde auch Konfiskation von Wagen und Zugtieren, sowie Leibesstrafe, letztere wenigstens gegen Unfreie, angewendet.

Neben der Geldstrafe wurde bei einigen Völkerschaften auch auf Schadensersatz und Verzugszinsen erkannt.

Die strafrechtlichen Bestimmungen der Volksrechte blieben bezüglich der Forstfrevel, ebenso wie auf anderen Gebieten, bis zum Schluß der Karolingerperiode und sogar vielfach noch lange nachher in Kraft, sie haben aber doch im Laufe der Zeit bei späteren Neurezensionen entsprechend der besseren Ausbildung des Eigentumsbegriffes Verschärfungen erfahren.

---

2. Kapitel. Jagdwesen.

§ 7. Jagdrecht.

Die ungeheuren Waldungen beherbergten sehr bedeutende Mengen Wildes, welches einerseits als Gegenstand der Nahrung und andererseits infolge der Abhärtung und Gewandtheit, welche die Jagd als eine treffliche Schulung für den Krieg erscheinen ließ, von größter Bedeutung für die alten Deutschen war.

Das Jagdrecht, ebenso wie die übrigen Allmendenutzungen, stand nach altdeutscher Auffassung allen freien Genossen in unbeschränktem

Maße nicht allein auf der unverteilten Mark, sondern auch auf der Feldmark zu, an welcher anfangs nur Sonderbesitz, nicht Sondereigen, existierte. Erst in dem Grade, als sich Privateigentum an Grund und Boden ausbildete, trat auch der Anspruch auf ein mit demselben verbundenes ausschließliches Jagdrecht hervor.

Der Natur der Verhältnisse entsprechend waren es zunächst nur die Könige und späterhin auch die großen Grundherren, welche diesen Anspruch mit Erfolg geltend machen und auch schützen konnten. Einen drastischen Beweis für die Energie, mit welcher dieses geschah, liefert die Erzählung des Gregor von Tours über eine im Jahre 590 vorgekommene Verletzung des königlichen Jagdrechtes in den Vogesen.[1]

Durch die Anwendung des Begriffes der Immunität (s. S. 6) auf die königlichen Güter erhielt die dortige Jagd noch den Schutz eines besonderen Rechtsinstitutes, dessen Verletzung bald mit der Strafe des Königsbannes[2] bedroht wurde.

Da die königlichen Waldungen regelmäßig Immunität und das bevorzugte Jagdrecht genossen, so gewann seit dem Ende des 8. Jahrhunderts das aus dem althochdeutschen „Forst" gebildete mittelalterlich-lateinische Wort: foresta, forestis, welches bis dahin fast ausschließlich zur Bezeichnung königlicher Waldungen verwendet worden war, die Bedeutung eines solchen Waldes, in welchem das Jagdrecht mit Ausschluß Dritter entweder dem Könige oder dem von ihm Beliehenen zustand, d. h. eines Bannforstes.

Die Vorliebe der fränkischen Könige für die Jagd hatte zur Folge, daß das Jagdrecht nicht nur auf den königlichen Besitzungen selbst in dieser Weise geschützt wurde, sondern daß bald auch solche Güter, deren Grundeigentum dem Könige nicht zustand, mit in den Bereich des bevorzugten Jagdrechtes gezogen, d. h. inforestiert

---

[1] Gregor von Tours, hist. franc. l. X. c. 10.

[2] Bann (verwandt mit dem griechischen φωνή, lat. fama, fanum) bedeutet noch in der merovingischen Zeit „feierliches Befehlswort des Königs", wird aber späterhin vorwiegend nur in dem Sinne der für Verletzung eines derartigen königlichen Befehles angedrohten Strafe gebraucht. Ursprünglich war als solche Leibes- und selbst Lebensstrafe angedroht, seit der Karolingerzeit kam ausschließlich die für damalige Zeiten sehr hohe Geldstrafe von 60 Schillingen in Gebrauch.

wurden. Anfangs dürften es wohl nur die Besitzungen der Kolonen und Schutzhörigen gewesen sein, gegen welche in dieser Weise verfahren wurde, allein allmählich ging man auch weiter, wodurch vielfache Klagen veranlaßt wurden, welche bald von Erfolg begleitet waren, bald wenigstens durch die Belassung eines Teiles des Jagdrechtes beschwichtigt wurden.

Da das Recht, eine Handlung bei Strafe des Bannes zu verbieten, nur dem Könige zukam, so besaßen anfangs bloß dieser sowie jene Personen Bannforsten, welchen königliche Güter ohne Vorbehalt des Jagdrechtes verliehen worden waren. Allmählich wurde aber auch bei den großen Grundherren der Wunsch rege, das Jagdrecht auf ihren Gütern in gleicher Weise geschützt zu sehen. Zu diesem Zweck war es erforderlich, daß der König eine Verletzung des privaten Jagdrechtes ebenfalls bei Strafe des Bannes verbot. Derartige Waldungen und sonstige Grundbesitzungen Privater hießen dann gleichfalls Bannforsten.

Solche wurden namentlich während des 9. und 10. Jahrhunderts in sehr großer Anzahl errichtet.

Seit der Zeit, in welcher dieser Schutz des Jagdrechtes auch andern Personen zu teil wurde (etwa Mitte des 9. Jahrhunderts), löste sich zugleich der Begriff „forestis" los von der Beziehung zu einem bestimmten Grundstück und bezeichnete sowohl ein unter Bann gestelltes Terrain, als auch im abstrakten Sinne die bevorzugte Berechtigung zur Jagdausübung selbst.

Anfänglich hatte die Inforestation wohl nur die Folge, daß dem Inhaber des Bannforstes lediglich das Jagdrecht, und zwar häufig bloß bezüglich des Hochwildes, vorbehalten wurde, während alle übrigen Nutzungen und selbst die Jagd auf Raubzeug, sowie auf kleineres Wild unberührt blieben. Aber schon im Laufe des 9. Jahrhunderts begannen die Inhaber von Bannforsten ihrem Rechte eine Ausdehnung zu geben, welche für die spätere Zeit von größter Bedeutung wurde. Sie verboten nämlich nicht nur größere Rodungen, sondern suchten auch die übrigen Waldnutzungen, unter denen namentlich die Schweinemast eine hervorragende Stelle einnahm, entweder mit Rücksicht auf die Wildstandsruhe oder um Wildfrevel zu verhüten, ganz auszuschließen oder doch nur innerhalb der von ihnen gesetzten Grenzen zu gestatten.

§ 8. Jagdausübung.

Die größeren Wildarten, welche zu jener Zeit in Deutschland vorkamen, waren neben unserem Rot- und Schwarzwild, ferner den Bären und Wölfen noch: Wisent (Bison europaeus), Ur (Bos primigenius), Elenn, Luchs und verwilderte Pferde. Zu Cäsars Zeiten scheinen auch noch Renntiere in Deutschland angetroffen worden zu sein.

Der Begriff des Schwarzwildes umfaßte nach den Volksrechten alle größeren, dunkelgefärbten, jagdbaren Tiere, also neben dem Wildschweine auch die wilden Ochsenarten und die Bären.

Das Damwild fehlte damals in Deutschland, und die Fasanen fanden sich nur zur Zierde an den Höfen der Großen.

Schon die ältesten Geschichtsquellen zeugen von einer hohen Entwicklungsstufe des Jagdbetriebes.

In den Volksrechten werden nicht weniger als neun Arten von Jagdhunden genannt. Die übrigen Hilfsmittel zur Jagd waren: Pfeil und Bogen, Spieß und Schwert, Schlingen, Netze, Fallen, Fanggruben, Selbstgeschosse, gezähmtes Edelwild und verschiedene zur Jagd abgerichtete Falkenarten.

Zur Erlegung der größeren Wildarten diente hauptsächlich eine Fangjagd, welche man im späteren Mittelalter als „Über Land Jagen" bezeichnete. Das Wild wurde zunächst mit Hilfe der Hunde aufgesucht und bestätigt, und sodann durch berittene oder nicht berittene Jäger solange verfolgt, bis es sich entweder gegen die Meute stellte und dann aus nächster Nähe mit Hilfe des Spießes und Schwertes erlegt werden konnte, oder bis es sich in Netzen und Schlingen, welche auf die Wechsel gestellt waren, gefangen hatte.

Bei der Pürsche auf Rotwild bediente man sich der gezähmten Hirsche und Tiere, um durch dieselben gedeckt leichter herankommen zu können.

Das Raubwild wurde mit Hilfe verschiedener Fangapparate und Selbstgeschosse erlegt, zur Vertilgung der Wölfe verwendete man auch Gift.

Das kleine Haarwild scheint entweder mittels des Windspieles oder in Schlingen gefangen worden zu sein.

Bei der Vogeljagd kam wohl fast ausschließlich die Beizjagd in Anwendung, welche nach den Ergebnissen der Sprachvergleichung bereits Jahrtausende alt ist.

Die l. Langobardorum enthält die ältesten Bestimmungen über die Dauer der Berechtigung zur Wildfolge (20 Stunden), ebenso wird dort jenem, welcher angeschossenes, gefangenes oder von Hunden gestelltes Wild antraf und es tötete oder solches auch schon verendet vorfand, als Jägerrecht das rechte Vorderblatt nebst 7 Rippen zugesprochen, während das Wild selbst dem Schützen ausgeliefert werden mußte.

§ 9. Jagdstrafwesen.

Das Jagdstrafrecht des frühen Mittelalters zeigt sowohl durch den viel reicheren materiellen Inhalt, als auch durch die bessere formelle Behandlung gegenüber dem Forststrafrecht, daß der Jagd eine erheblich höhere Bedeutung beigelegt wurde als den sonstigen Waldnutzungen. Dabei sind die Rechte der reindeutschen Stämme ungleich reicher an solchen Bestimmungen als jene der auf romanischem Boden wohnhaften Völkerschaften.

Da vor Ausbildung der Bannforsten ein ausschließliches Jagdrecht eigentlich nur dem Könige zustand, so betreffen die verschiedenen Bestimmungen auch nicht die Verletzung des Rechtes zur Jagdausübung an sich, sondern sie behandeln vor allem Entwendungen, welche an den Hilfsmitteln zur Jagd (Hunden, Falken, gezähmtem Rotwild) oder an von Dritten gefangenem und erlegtem Wild erfolgten. Auch die generelle Strafbestimmung der l. salica und ribuariorum (si quis de diversis venationibus furtum fecerit) dürfte nur in letzterem Sinne aufzufassen sein, und zwar umsomehr, als die l. rib. noch ausdrücklich mit den gleichen Worten wie beim Holzfrevel auf den Akt der Besitzergreifung hinweist. Die Auffassung, daß das Wild durch einen deutlich erkennbaren Akt der Jagdausübung in den Besitz des Jägers übergehe, wird auch durch die Bestimmungen bestätigt, welche anordnen, daß der Jäger für Schaden, der durch in Schlingen ꝛc. gefangenes Wild an Menschen oder Haustieren verübt wurde, haftbar sei.

Wer Selbstgeschosse, Fallen und Schlingen stellte, mußte seine Nachbarn hiervon in Kenntnis setzen, um Gefährdung von Menschen und Haustieren zu vermeiden, für welche er verantwortlich war.

Auch für Verletzung der jagdrechtlichen Bestimmungen wurde nach dem Kompositionensystem fast ausnahmslos auf **Geldstrafe** erkannt; neben der Strafe mußte, wenn es sich um die Hilfsmittel zur Jagd handelte, **Schadenersatz** durch Lieferung anderer Hunde, Falken ꝛc. geleistet werden, deren Gleichwertigkeit mit den entwendeten oder beschädigten Tieren noch meist durch Eideshelfer nachzuweisen war.

§ 10. Forst- und Jagdpersonal.

Für die Organisation der Forst- und Jagdverwaltung des ganzen Mittelalters ist die scharfe Sonderung des Jagdbetriebes von der Verwaltung der Forsten charakteristisch.

Letztere bildete einen ziemlich untergeordneten Zweig der allgemeinen Güterverwaltung, während ersterer sich schon zur Zeit der Karolinger einer besonderen Pflege durch ein zahlreiches und teilweise sehr hochgestelltes Personal zu erfreuen hatte.

Da die Bewirtschaftung der ausgedehnten Besitzungen von einer Stelle aus unmöglich war, so hatte sich seit dem 9. Jahrhundert die sog. **Villenverfassung** ausgebildet.[1]) Die großen Herrschaften waren hierbei in eine Anzahl von Domänen zerlegt, deren jede eine gesonderte Verwaltung hatte, während die Oberleitung vom Herrschaftssitze aus erfolgte. Auf den einzelnen Domänen war ein im Eigenbetrieb stehender Haupthof und ein Komplex von Nebenhöfen eingerichtet, von denen die größeren (villae) durch besondere Beamte bewirtschaftet wurden, während die kleineren (mansionilia) meist an Freibauern oder Zinsleute hingegeben waren.

Die Oberleitung der einzelnen königlichen Domänen lag in der Hand des in der curtis dominica residierenden judex (Amtmann), eine Beamtenkategorie, welche auf den aristokratischen Grundherrschaften fehlte und der in den geistlichen Herrschaften der Viztum oder Propst entspricht, obwohl dieser nicht zur Lokalverwaltung gehörte

---

[1]) Über den Verwaltungsorganismus des Großgrundbesitzes vergl. Lamprecht, deutsches Wirtschaftsleben im Mittelalter I, 2 S. 719 ff.

und nur Vertreter der rechtlichen Interessen des Grundherrn ist. Auf den einzelnen Villen wirtschafteten die Meier (majores, actores), denen noch verschiedene Beamte zur Seite standen.

Die ältesten und eingehendsten Aufschlüsse über die Wirtschaftseinrichtungen auf den königlichen Besitzungen, denen jene auf den übrigen Grundherrschaften im wesentlichen entsprochen haben dürften, enthält das berühmte Capitulare de villis (wahrscheinlich aus dem Jahre 800).

Hiernach oblag den Amtleuten und Meiern auch die Oberaufsicht über die Forsten und das Forstpersonal, die Sorge für die Nutzbarmachung der ersteren, die Vereinnahmung und Rechnungslegung über die Einkünfte, sowie auch einzelne administrative Aufgaben bezüglich des Jagdbetriebes.

Die Güterverwalter sollten entsprechende Ausscheidung zwischen Wald und Ackerland treffen, unstatthafte Rodungen verhindern, die Zinsen einfordern und namentlich für den richtigen Eingang des Schweinezehents sorgen. Bezüglich der Jagd hatten sie die Beizvögel zu stellen, die Aufzucht der jungen Jagdhunde zu überwachen und für die Bereithaltung der nötigen Netze zu sorgen. Die Ausrottung der Wölfe war ebenfalls eine spezielle Aufgabe der Meier, zu welchem Behufe ihnen je zwei Wolfsjäger beigegeben waren.

Zur Durchführung der Aufgaben, welche den Meiern bezüglich der Forsten oblagen, sowie für den Jagdschutz waren ihnen Förster, forestarii, unterstellt, welche meist zu den Hörigen oder Knechten gehörten, und über welche gleichzeitig mit den Forsten bei den Schenkungen verfügt wurde.

Entsprechend dem damaligen Systeme der Naturalwirtschaft bestand die Besoldung der Förster in Landhufen, welche diese für sich bewirtschafteten.

Die Leitung des Jagdbetriebes unterstand am Hofe Karls des Großen den beiden Ministern für die königliche Wirtschaft, dem Seneschall und dem Schenk.

Unter diesen fungierten ein Oberjägermeister und der oberste Falkonier, denen dann wieder als untergeordnete Hofbeamte die Jäger und Falkoniere beigegeben waren. Die Jäger gliederten sich in drei Gruppen: **bersarii** für die Waldjagd, **veltrarii** für die Feldjagd und **beverarii** für die Wasserjagd sowie wohl auch für die Jagd der Füchse und Dächse.

Die Jäger und Falkoniere waren zwar ebenfalls Hörige, aber sie nahmen durch ihre Verwendung für den unmittelbaren Hofdienst die bessere Stellung der Ministerialien ein. Sie hatten ihren ständigen Aufenthalt in den königlichen Pfalzen und wurden von hier aus nach Bedarf zur Abhaltung der Jagden entsendet.

II. Abschnitt.

Vom Aussterben der Karolinger in Deutschland bis zum Schluß des Mittelalters
(911—1500).

§ 11. Quellenkunde.

Als die wichtigsten Fundorte von forst- und jagdgeschichtlichem Material für die zu besprechende Periode dürften anzuführen sein:

1. Die Rechtsbücher. Trotz der im Laufe der Jahrhunderte so wesentlich veränderten Rechtsanschauungen erfolgte im späteren Mittelalter bei dem Mangel einer starken Zentralgewalt keine einheitliche Kodifikation des in Deutschland geltenden Rechtes. Nachdem die alten Volksrechte sich überlebt hatten, trat an die Stelle des geschriebenen Rechtes wieder das Gewohnheitsrecht, welches sich partikularistisch entwickelte. Das Bedürfnis nach einer Niederschrift dieses Gewohnheitsrechtes war indessen so lebhaft, daß im Laufe des 13. Jahrhunderts mehrfache Aufzeichnungen des in kleineren oder größeren Bezirken geltenden Rechtes ohne höhere Autorisation erfolgten.

Von diesen sog. Rechtsbüchern ist das berühmteste der Sachsenspiegel. Derselbe enthält reindeutsches Recht und wurde von einem sächsischen Gerichtsschöffen, dem Ritter Eike von Repgow,[1]) zu Anfang des 13. Jahrhunderts, wahrscheinlich um 1215, verfaßt. Er genoß großes Ansehen und hat ausgedehnte gesetzliche Geltung erlangt.

---

[1]) Reppichau zwischen Anhalt und Köthen.

Während der Sachsenspiegel vorwiegend in Norddeutschland verbreitet war, wurde in Süddeutschland der zwischen 1273 und 1282 verfaßte Schwabenspiegel allgemein als Rechtsnorm angenommen. Im Schwabenspiegel sind neben den verschiedenen deutschen Volksrechten und dem Sachsenspiegel auch das römische und das kanonische Recht vielfach benutzt.

2. **Bäuerliche Rechtsquellen.** In forstlicher Beziehung sind von den Aufzeichnungen des örtlichen Gewohnheitsrechtes am interessantesten die sog. Dorfrechte.

In jedem Herrenhof und in jeder Mark entwickelten sich eigene Rechtssätze, welche nur die allgemeinsten Grundsätze gemeinsam hatten.

In der Versammlung der ganzen Gemeinde, den Märkerdingen, und in Gegenwart der Obermärkers, des Grundherrn oder Vogtes bezw. seines Vertreters wurden von den Schöffen oder sonstigen angesehenen Markgenossen die wichtigsten allgemeinen Rechtssätze ausgesprochen und auch Spezialfälle entschieden, es wurde das Recht „gewiesen" oder „eröffnet". Die Aufzeichnungen dieser Rechtssätze hießen deshalb: Weistümer, Öffnungen, Pantaidingen (Österreich), Ehehaftsordnungen (Baiern), Dingrotel ꝛc.

Während früher die genossenschaftliche Autonomie den wechselnden Bedürfnissen entsprechend auch neues Recht schufen, machte sich seit dem 15. Jahrhundert ein größerer Einfluß der Obermärker, welche vielfach die Landesherrlichkeit erlangt hatten, geltend, sie revidierten die Dorfrechte und brachten neue Sätze hinein, welche zum Teil einen fremdartigen Charakter haben.

Die meisten Weistümer stammen aus der Zeit vom 13. bis 16. Jahrhundert.

3. Die **Güterverzeichnisse** der Grundherrschaften über ihre Besitzungen, Einkünfte und sonstigen Gerechtsame; sie führen verschiedene Bezeichnungen, wie: Urbarien, Register, Lagerbücher, Salbücher, Rotel ꝛc.

4. **Urkunden** über Rechtsgeschäfte der verschiedensten Art, in welchen vielfach forstliche und jagdliche Verhältnisse den Hauptinhalt bilden oder doch erwähnt werden.

5. Die sog. **Chroniken**, d. h. alte historische Aufzeichnungen, sind besonders für die städtischen Verhältnisse von Bedeutung.

6. Auch in sonstigen Schriften des späteren Mittelalters (z. B. Nibelungenlied, Tristan und Isolde ꝛc.) finden sich für die Forstgeschichte interessante Notizen.

---

1. Kapitel. Waldeigentum.

§ 12. Königlicher Waldbesitz.

Wie früher gezeigt (S. 12) wurde, ist ein sehr erheblicher Teil des ausgedehnten Landbesitzes der fränkischen Könige durch die Rechtsanschauung entstanden, daß alles herrenlose Land dem Fiskus gehöre. Dieser Grundsatz blieb auch späterhin in Kraft und haben die Könige, und seit der Ausbildung der Landesherrlichkeit im 13. Jahrhundert auch die Landesfürsten, große Ländereien durch Anwendung desselben erworben.

Weiterer Zuwachs des königlichen Besitzes folgte aus dem Rechte an den Gütern der Verstorbenen, welche keine Leibeserben hinterließen oder mit einer ungesühnten Schuld als „exlex" aus dem Leben geschieden waren, sowie nach den Grundsätzen des Spolienrechtes durch den Nachlaß der Geistlichen.

Bedeutende Gütererwerbungen fanden unter Anwendung der Konfiskation statt. Durch Untreue und offene Auflehnung gegen den König wurde nicht bloß das Lehen- sondern auch das Erbgut verwirkt, und häufig genug ist in den an Parteikämpfen reichen Jahrhunderten von der Strenge des Rechtes Gebrauch gemacht worden.

Ganz gewaltig wurde ferner der königliche Grundbesitz durch die großen Eroberungen vermehrt, welche seit den sächsischen Königen ununterbrochen während dreier Jahrhunderte sowohl im Süden wie im Norden die Grenzen gegen Osten verschoben.

Allein noch weit erheblicher und folgenschwerer waren andererseits die Momente, welche eine Verringerung der königlichen Besitzungen zur Folge hatten.

Vor allem ist als solches die Entwickelung des Lehenswesens zu nennen, indem nun nicht nur die Inhaber öffentlicher Ämter mit Benefizien aus dem Reichsgut dotiert wurden, sondern auch aus politischen und sonstigen Gründen zahlreiche Vergabungen von Gütern zu Lehen stattfanden, welche dann nach dem Erblichwerden der Lehen in das Eigentum der jeweiligen Besitzer übergingen.

Je mehr ferner bei dem Sinken der kaiserlichen Macht und den sich fortwährend steigernden Ansprüchen des Reichshaushaltes die Geldverlegenheit des Reichsoberhauptes zunahm, desto häufiger griffen die Könige und Kaiser zu dem Hilfsmittel, Reichsgut an Fürsten und Städte zu verkaufen oder zu verpfänden, im letzteren Falle erfolgte jedoch nur sehr ausnahmsweise die Wiedereinlösung für das Reich.

Verschiedene Städte erhielten Reichsgut durch Schenkung.

Manches Stück Reichsgut endlich wurde von den Kaisern ihrem Privatbesitz einverleibt.

Das Resultat aller dieser Einflüsse war, daß am Ende des 14. Jahrhunderts nur noch verschwindende Splitter des alten Reichsgutes als solches vorhanden waren, der größte Teil desselben war an die Territorialherren übergegangen, der Rest fiel an die Kirche und an die Städte.

Die Geschichte der Reichswaldungen und königlichen Forsten, welche einen sehr bedeutenden und vielfach sogar den größten Teil der königlichen Besitzungen ausmachten, ist in ihren allgemeinen Umrissen durch den eben geschilderten Entwicklungsgang skizziert. Eine kurze Zusammenstellung der Schicksale einer größeren Anzahl von Reichsforsten findet sich in meinem „Handbuch der Forst- und Jagdgeschichte Deutschlands", S. 111 ff.

§ 13. Waldungen der großen Grundherren.

Im späteren Mittelalter besaßen die großen Grundbesitzer, die Landesherren, landsässigen Adligen, Kirchen und Klöster, folgende Arten von Waldeigentum und Waldnutzungsrechten:

1. Waldungen, welche ihrer ausschließlichen Benutzung vorbehalten waren, dieselben hießen gewöhnlich: Kammerforst, Kammerholz, Inforst, Forst. Lamprecht[1]) führt die Entstehung der Kammerforsten auf die letzte große Rodungsperiode vom 11. bis 13. Jahrhundert zurück. Wie früher aus den großen Waldungen die Bannforsten ausgeschieden worden waren, so wurden jetzt die

---

[1]) Lamprecht, deutsches Wirtschaftsleben I, 1 S. 112.

Forsten abermals in ein innerstes, unzugängliches Allerheiligstes und in eine rottbare Peripherie geteilt.

2. Waldungen, an welchen den Grundherren zwar das Eigentum zustand, die aber mit mehr oder weniger weitgehenden Nutzungsrechten der **Hinterfassen** belastet waren. Hierher gehören auch jene Waldungen ursprünglich freier Markgenossenschaften, in welchen sich aus der Vogtei eine Grundherrschaft entwickelt hatte.

Im einzelnen waren die Verhältnisse je nach der geschichtlichen Entwickelung ungemein verschiedenartig, namentlich ist auch die Grenze zwischen bloß servitutarischen Nutzungen und zwischen Eigentumsrecht, auf dessen Erlangung bezw. schärfere Ausbildung von Seiten des Vogtes bezw. des Obermärkers mit vielem Erfolg hingearbeitet wurde, schwer zu ziehen und zwar umsomehr, als sich dieselbe fortwährend verschob.

In den herrschaftlichen Waldungen war den Grundherren meist das Recht auf alle besseren Holzarten (blumwar)[1], fast allenthalben aber wenigstens jenes auf die Eichen vorbehalten, während die Hofmarkgenossen nur die geringeren Holzarten, das sog. Weichholz oder Urholz, sowie das Abfallholz, welches nach dem Zurichten der Stämme im Walde zurückblieb (Afterschlag), zu beanspruchen hatten (dustwar)[2], ebenso mußte für den Schweineeintrieb in den Herrenwald eine Abgabe, der „Dehem", gegeben werden.

3. Den großen Grundherren standen häufig als **Mitmärkern** Eigentums- und Nutzungsrechte an gemeinen Marken zu.

Diese Eigentumsrechte waren teils mit Allodialbesitz, teils mit Lehngütern verbunden.

§ 14. Die Markwaldungen.

Im mittleren und westlichen Deutschland war bis zum Ende des Mittelalters bei den Bewohnern der Dörfer und Höfe der markgenossenschaftliche Waldbesitz bei weitem vorherrschend; Privatwald fand sich hier nur infolge frühzeitiger Zersplitterung von Marken oder durch Einzelansiedlung in größeren Waldgebieten.

---

[1] war = gewere, Rechtsanspruch auf die „Blumen", d. h. Mast oder Früchte tragenden Bäume.

[2] Anspruch auf das geringere Holz, dust nnd. = Spreu, Hülse.

Je nachdem das Grundeigentum der Allmende der freien Mark=
genossenschaft oder einem Grundherrn zustand, unterschied man freie
und grundherrliche Markgenossenschaften. Daneben gab es auch
noch eine dritte Form, die gemischte Markgenossenschaft, an welcher
sowohl freie als unfreie Märker Anteil hatten; allein diese konnten
sich meist nur kurze Zeit halten und wandelten sich schon sehr früh=
zeitig in grundherrliche Marken um. Ebenso haben sich freie Mark=
genossenschaften in größerer Anzahl nur in wenigen Gegenden
Deutschlands bis zum Schluß des Mittelalters zu behaupten ver=
mocht (Friesland, Dithmarschen, Schweiz), die Ausbildung der großen
Grundherrschaften und späterhin jene der Vogtei hatten die rasche
Vermehrung von grundherrlichen Markgenossenschaften zur Folge.

Die Umgestaltung der rechtlichen Verhältnisse war jedoch keines=
wegs von einer erheblichen Verschlimmerung der wirtschaftlichen Zu=
stände begleitet. Namentlich als seit dem 12. Jahrhundert an
die Stelle der alten Grundherrschaften das System der Pachtungen
und Rentengüter getreten war, entfalteten die Bauern, begünstigt
durch den rapiden Aufschwung der Grundrente und den noch embryo=
nalen Zustand der künftigen autoritativen Landesgewalt, die vor=
handenen Kräfte in der Zeit vom 13. bis zum 15. Jahrhundert auf
das Glücklichste. Die zahlreichen Weistümer geben uns den besten
Beweis dafür, wie die nun neuaufblühenden Markgenossenschaften
gerade in der Bewirtschaftung der Allmende ein fruchtbares Feld
ihrer Thätigkeit fanden.

Erst gegen Ende des Mittelalters, als sich aus Grundherrlichkeit
und Vogtei in Verbindung mit altstaatlicher Gewalt die Landeshoheit
entwickelte, welche die kleineren Grund= und Vogtherrschaften sich
unterordnete, während der Bauernstand von der sich vollziehenden
Neuorganisation des nach Berufsständen gegliederten Volkes aus=
geschlossen blieb, trat eine erhebliche Verschlechterung der bäuerlichen
Verhältnisse ein. Freiheit und echtes Eigen wurden nunmehr beim
Bauern zur Seltenheit, während Fronden und Zinsen fortwährend
zunahmen. In der persönlichen Freiheit beeinträchtigt, politisch
rechtlos und sozial ganz gewaltig verschlechtert, trat der Bauerstand
in das 16. Jahrhundert ein. Dieser Niedergang machte sich ebenso
wie der Aufschwung der vorausgegangenen Jahrhunderte durch

eine Umgestaltung der Eigentumsverhältnisse bemerklich, welche weiterhin noch näher zu erörtern sein wird.

Die Nutzungsrechte am Markwald (Holzbezug, Mast, Weide und Rodung) kamen der Gesamtheit aller Märker zu, wurden jedoch von den einzelnen Genossen nach Maßgabe des Bedarfs und der von der Märkerversammlung erlassenen Vorschriften ausgeübt.

Den einzigen Maßstab für den Bezug der Marknutzungen bildete ursprünglich der Bedarf einer Hufe, und der rein ideelle Anteil an der Allmende, welchen jeder Hufenbesitzer zu echtem Eigen besaß, wurde: Achtwort[1]), Gewere, Mark, Holzgewalt ꝛc. genannt.

Mit dem Wachsen der Bevölkerung ergab sich die Notwendigkeit einer Regelung und Einschränkung des anfangs vollkommen unbeschränkten Genußrechtes, ebenso schwand auch die alte Rechtsgleichheit aller Genossen, als die Marken sich gegen den Zuzug neuer Ansiedler abschlossen und diesen höchstens ein beschränktes Nutzungsrecht an der Allmende einräumten.

Durch die Zunahme der Bevölkerung war aber auch seit dem Ende des 11. Jahrhunderts die Entstehung neuer Gemeindeverbände innerhalb der alten Zendereimark bedingt. Jetzt entwickelte sich in den meisten Fällen der Ortsgemeindeverband, in anderen sonderten sich in der Zendereimark zunächst Gruppen von Orten aus, wodurch sich wirtschaftliche Samtgemeinden bildeten, welche erst weiterhin in Dorfgemeinden zerfielen.

Diese Gliederung hatte aber gleichzeitig auch eine Auflösung der älteren großen Zendallmenden zur Folge. Im erstermähnten Falle wurde bei Gründung neuer Ortsgemeinden diesen ein Stück der Zendallmende zur besonderen Nutzung überwiesen, welches bei Auflösung der alten Zendereimark den Ortschaften als Eigenmark zufiel. Bisweilen blieb auch dann noch ein kleiner Gemeinbesitz, namentlich an Wald, zwischen den Ortschaften als dürftiger Rest der alten Zenderei bestehen.

Die Gesamtgemeinden haben dagegen auch nach Ausbildung der Dorfgemeinden meist noch Wald und Weide im Gemeinbesitz festzu-

---

[1]) Achtwort abzuleiten von echte ware = legitima portio.

halten vermocht. Auf diese Weise entstanden markgenossenschaftliche Wald- und Weidegemeinschaften, welche der Kompetenz und den Funktionen, aber nicht dem räumlichen Umfang nach als Reste der alten Samtgemeindeverfassung erscheinen.[1])

Neben dieser organischen Weiterentwickelung des markgenossenschaftlichen Verbandes fanden aber im späteren Mittelalter auch noch Teilungen der Allmenden zu Privatbesitz unter die Genossen statt; seit dem 12. Jahrhundert mehren sich die Nachrichten über derartige Zersplitterungen in steigendem Maße. Anfangs war wohl das Bedürfnis nach Ackerland die wesentliche Veranlassung für diese Maßregel, gegen das Ende des Mittelalters machte sich aber auch bereits die Abnahme des Gemeinsinnes und des Interesses an der Allmende als Ursachen der Teilungen geltend.

Schon am Ausgang des 14. Jahrhunderts begann das Bestreben der Landesherren, die Nutzungsrechte der Markgenossen zu beschränken, und seit dem 15. Jahrhundert versuchten dieselben auch das Eigentumsrecht der Allmenden für sich in Anspruch zu nehmen.

Wo Markgenossenschaften weniger verbreitet waren, wurden den Kolonen entweder Nutzungsrechte am Herrenwald eingeräumt, oder Waldungen teils als Privateigentum, teils als Gesamtbesitz überwiesen. Ganz besonders ist dieses der Fall bei den Kolonisationen in den ehemals slavischen Landesteilen östlich der Elbe der Fall.

§ 15. Städtewaldungen.

Die deutschen Städte, welche sich im späteren Mittelalter zu so hoher Blüte entwickelten, erwarben während dieser Zeit auch bedeutendere Waldungen.

Der Waldbesitz der Städte bildete sich aus sehr verschiedenartigen Teilen. Jene Städte, welche aus Landgemeinden durch Verleihung der Stadtrechte hervorgingen, besaßen entweder eine Allmende für sich allein oder hatten mit anderen Genossen an größeren Marken Anteil. Im ersten Fall wurde der Gemeindewald sofort mit der Erhebung

---

[1]) Ein sehr gutes Beispiel für diesen Zerfall der alten großen Marken bildet die in der ersten Hälfte des 12. Jahrhunderts erfolgte Teilung des rheingauischen Haingeraide. Vergl. hierüber: Bodmann, rhein. Altertümer 1. Bd., Mainz 1819, S. 439 ff.

der betreffenden Ortschaft zur Stadt Stadtwald, im zweiten erhielten die Städte bei Teilung der großen Marken eigene Waldungen ausgeschieden. Bei den späteren Städtegründungen seit dem 12. Jahrhundert, welche namentlich im östlichen Deutschland erfolgten, wurde den Städten von ihren Gründern meist auch sogleich ein Stadtwald zugewiesen.

Als die Kaiser sich gegen die aufstrebende Selbständigkeit der Landesherren auf die Städte zu stützen begannen, suchten sie deren Gunst häufig durch Schenkung von Wald oder durch Verleihung von Waldnutzungsrechten zu gewinnen. Die Städte waren durch ihren Reichtum auch in der Lage, von den stets geldbedürftigen Kaisern, sowie von den Landesherren und sonstigen Großen, Wald durch Kauf oder Verpfändung ohne spätere Wiedereinlösung zu erwerben.

Seit dem 13. und 14. Jahrhundert wuchsen die städtischen Besitzungen auch durch Ankauf der Stadtbürger in den angrenzenden Dorfmarken und Aufnahme der in der Nähe der Stadt wohnenden freien Grundbesitzer in das Stadtbürgerrecht.

§ 16. Waldnutzungsrechte.

In dem Maße, als durch die Zunahme der Bevölkerung und die hierdurch bedingten Rodungen die Wertschätzung des Waldes stieg, vermehrte sich die Zahl der Verleihungen von Waldnutzungsrechten, indem man es vorzog, diese Einrichtung an die Stelle der früher üblichen Schenkung des Waldeigentums zu setzen.

Vor allem waren es die Klöster, Kirchen und milden Stiftungen, deren Holzbedarf auf diese Weise gedeckt wurde, aber auch Städte und Dörfer erhielten solche Nutzungsrechte; besonders häufig war dieses der Fall bei den Kolonisationen in den ehemals slavischen Gebietsteilen.

Die Urkunden erwähnen auch zahlreiche Fälle der Okkupation von neuen und der Erweiterung von bestehenden Forstberechtigungen, welche bei den unklaren Grenzverhältnissen, dem mangelhaften Forstschutz und der Geringwertigkeit der Waldnutzungen erklärlich genug sind.

Zu den Forstberechtigungen sind auch jene Holzbezüge zu rechnen, welche den in der Mark angesessenen Gewerbetreibenden behufs der Ausübung ihres Handwerkes über das Maß des gewöhnlichen Marknutzens hinaus gewährt wurden.

Die hohe Bedeutung des Bergbaues und der Salinen für die Volkswirtschaft hatten bereits während des Mittelalters zur Folge, daß nicht nur das zum Betriebe notwendige Holz, soweit es nicht aus eigenen Waldungen entnommen werden konnte, auf dem Wege der Berechtigung in den umliegenden Forsten gesichert wurde, sondern daß man auch den Bergleuten und Salzsiedergenossenschaften weitgehende Waldnutzungsrechte für ihren persönlichen Bedarf einräumte.

Schon aus dem späteren Mittelalter wird auch von **Forstrechtsablösungen**, und zwar durch Hingabe von Grund und Boden, berichtet.

§ 17. Grenzbezeichnung.

Bezüglich der Formen der Grenzbezeichnung hat das spätere Mittelalter keine besonderen Neuerungen gebracht. Wie früher wurden zunächst die natürlichen Grenzen benutzt; soweit eine besondere Bezeichnung notwendig war, dienten fast allgemein Mal- oder Lachbäume diesem Zwecke, untergeordnet kommen gegen das Ende des Mittelalters auch Grenzsteine und Grenzpfähle vor.

Der hauptsächlichste Fortschritt auf diesem Gebiete bestand darin, daß man anfing auf eine genauere Sonderung der Eigentumsansprüche Wert zu legen und zu diesem Zwecke die periodischen Grenzbesichtigungen einführte; in den letzten Jahrhunderten des Mittelalters finden sich auch ganz genaue Grenzbeschreibungen.

Das Setzen neuer Grenzzeichen war ein feierlicher Akt, welcher nur von der Herrschaft oder von den Schöffen, bisweilen auch von beiden gemeinschaftlich, vorgenommen werden sollte.

Böswillige Beschädigungen, sowie Veränderungen von Grenzzeichen wurden sehr streng, meist mit dem Tode, bestraft.

---

2. Kapitel. Waldwirtschaft.

§ 18. Rodungen.

Die rapide Vermehrung der Bevölkerung im westlichen Deutschland, welche vom Jahre 900 bis zum Jahre 1100 um das Doppelte, bis zum

Jahre 1200 aber fast auf das Vierfache anwuchs, hat eine neue Periode von Waldrodungen veranlaßt, welche mit dem 10. Jahrhundert begann und namentlich im 12. und 13. Jahrhundert besonders energisch wirkte.

Gleichzeitig erfolgte aber auch ein Weiterrücken dieser kultivatorischen Thätigkeit gegen Osten. Während um das Jahr 1200 der regere Ausbau im Moselland bereits zum Abschluß kam und im 13. Jahrhundert in den rheinischen Gegenden die ersten Versuche zur Beschränkung von Rodungen gemacht wurden, erfolgten wenig weiter östlich, im Bistum Würzburg noch gegen das Ende des 13. Jahrhunderts große Vergabungen von Rodezehenten.

Die kolonisatorische Arbeit in den slavischen Gebietsteilen rechts der Elbe begann erst im 12. Jahrhundert und erreichte um die Wende des 13. und 14. Jahrhunderts ihre größte Entfaltung.

Die Landeskultur hat durch die zahlreichen Klöster, namentlich durch jene der schon nach ihrer Ordensregel auf die Kolonisierung hingewiesenen Cisterzienser, sowie durch die Thätigkeit der geistlichen Ritterorden eine mächtige Förderung erfahren.

Aber auch die weltlichen Grundherren hatten ein lebhaftes Interesse an dem Ausbau des Landes, da ihnen durch den Neubruchzehent eine sehr erhebliche Einnahme aus dem sonst fast vollständig wertlosen Besitz erwuchs, sie erteilten deshalb gerne die Erlaubnis zu Rodungen, verboten aber anderseits deren eigenmächtige Anlage. Trotzdem ertönen im 12. und 13. Jahrhundert zahlreiche Klagen über unberechtigte Neubrüche, zu welchen die Not infolge des beschränkten Nahrungsraumes drängte.

Die ausgedehnten Rodungen dieser Periode waren nicht nur wirtschaftlich, sondern auch sozial von großer Bedeutung, weil sich bei den Neubrüchen durch die Kolonisten eine neue Form der Benutzung von Grund und Boden ohne gleichzeitige Minderung der persönlichen Freiheit ausbildete. Durch das Roblehen oder die sog. Leihe zu Waldrecht sind für die Übernahme fremden Grund und Bodens zur Urbarmachung rein wirtschaftliche Beziehungen zur Grundherrschaft geschaffen worden, welche, weit davon entfernt, das persönliche Recht des Bebauers zu berühren, so sehr rein sachlich waren, daß auch die Grundsätze des Erbrechtes auf sie eine selbstverständliche Anwendung

finden konnten. Die Waldleihe war also eine Form des Erbpacht=
verhältnisses und hat wesentlich dazu beigetragen, dem Bauernstande
eine freiere Stellung in der deutschen Gesellschaft zu verschaffen.[1])

Die Rodung erfolgte wie in früherer Zeit außer durch die Axt
wohl auch jetzt noch vielfach durch Feuer.

Auch in dieser Periode kam es in vielen Gegenden Deutschlands
noch nicht zu einer dauernden Abgrenzung zwischen Wald und Feld,
sondern ein nicht unerheblicher Teil der gerodeten Flächen blieb,
wenn der Ertrag die Mühe der Bestellung nicht mehr lohnte, wieder
unbebaut liegen und verstrauchte. Letzteres trat auch in jenen zahl=
reichen Fällen ein, wo die Bewohner von Höfen und selbst von ganzen
Dörfern entweder infolge der fortwährenden Fehden und Kriege um=
kamen oder auswanderten, oder in die aufblühenden Städte zogen,
um dort in günstigere soziale Verhältnisse zu gelangen.[2])

Die Beobachtung, daß ausgebaute Rottländereien sich bald wieder
in Wald verwandelten, sei es durch Anflug von Samen aus dem
nahen Wald oder durch Ausschlag der belassenen Stöcke, führte schon
frühzeitig in verschiedenen Gegenden zu einem regelmäßigen Wechsel
zwischen Feldbau und Waldbau im Hackwaldbetriebe, welcher nach
verschiedenen Urkunden aus dem 12. und 13. Jahrhundert damals
bereits im Odenwald und Siegerland, sowie in den Gegenden an
der Saar und Mosel verbreitet war.

Obwohl die großen Grundherren die Rodung des Waldes im
allgemeinen sehr begünstigten, so haben dieselben doch wohl hauptsächlich
aus jagdlichem Interesse schon frühzeitig in bestimmten Bezirken, den
Bannforsten und späterhin in den Kammerforsten, die Umwandlung
in Kulturgelände untersagt. Im 13. Jahrhundert war aber in West=
deutschland bereits die Grenze erreicht, über welche hinaus eine Ver=
minderung des Waldes auch im wirtschaftlichen Interesse nicht mehr
wünschenswert erschien. Das älteste Rodungsverbot, welches aus
diesen Rücksichten erlassen wurde, dürfte jenes für den Rheingau vom

---

[1]) Inama=Sternegg, deutsche Wirtschaftsgeschichte II 27.
[2]) Lamprecht (deutsch. Wirtschaftsl. II 42) erwähnt z. B., daß in dem von
ihm bearbeiteten Bezirk 214 Ortsbezeichnungen erscheinen, welche sich auf der heutigen
Karte der Reg.=Bez. Trier und Coblenz nicht lokalisieren lassen.

Jahre 1226 sein; in den Weistümern des 14. und 15. Jahrhunderts finden sich solche allmählich immer häufiger. Im Jahre 1237 untersagte der Erzbischof Eberhard von Salzburg mit Rücksicht auf den Salinenbetrieb die Umwandlung abgetriebener Waldflächen in Feld oder Weide.

Als die erste Vorschrift zur Förderung der Waldkultur dürfte eine Verordnung des Kaisers Albrecht vom Jahre 1304 zu betrachten sein, in welcher er die Anlage von Neubrüchen im Hagenauer Forst untersagte und befahl, daß die unrechtmäßigerweise in Feld umgewandelten Teile des Waldes wieder der Holzproduktion zugewendet werden sollten.

§ 19. Die Waldnutzungen.

Der Übergang von der wilden, rein okkupatorischen Waldbenutzung der Urzeit und des frühen Mittelalters zu einer geordneten Forstwirtschaft wird durch jene Bestimmungen gebildet, welche während der letzten Jahrhunderte des Mittelalters von den Grundherren und den Markgenossenschaften in großer Anzahl erlassen wurden, um eine Ordnung in die ursprünglich völlig willkürliche Inanspruchnahme der Erträge des Markwaldes zu bringen und dessen Nachhaltigkeit sicher zu stellen; den gleichen Zweck verfolgen auch verschiedene Eigentumsordnungen dieser Periode für jene größeren Waldungen, welche keinem genossenschaftlichen Verbande angehörten.

Beim Bauholz suchte man auf Schonung der besseren Holzarten, vor allem der Eiche, in den Alpen der Lärche und Zirbelkiefer, hinzuwirken.

Es durfte nur soviel Holz gefällt werden, als von der Märkerversammlung oder dem Grundherrn gestattet worden war; dieses sollte innerhalb einer bestimmten Frist abgefahren und nur zu dem angegebenen Zweck verwendet werden. Anweisung der Stämme durch Markbeamte und späterhin Besichtigung der ausgeführten Bauten sicherten die Durchführung dieser Bestimmung. Gegen Schluß der Periode fand auch eine vorherige Prüfung des angemeldeten Bedarfs statt.

Eine bedeutende Holzersparnis ergab sich durch die Einführung der Sägemühlen, während früher die Bretter mit der Axt gespalten

wurden. Die ältesten Nachrichten über das Vorkommen von Säge=
mühlen stammen aus dem oberen Elfaß, wo dieselben im Jahre 1303
als bereits längere Zeit bestehend erwähnt werden; größere Verbrei=
tung gewannen die Sägemühlen jedoch erst seit dem Anfang des
15. Jahrhunderts.

Zu Brennholz sollte in erster Linie das trockene und vom
Wind geworfene Holz, sowie der Abfall von den Nutzholzstämmen
genommen werden, außerdem aber nur solche Holzarten, welche zum
Bauen keine Verwendung fanden. Von diesem besseren Brennholz
wurde späterhin jedem Genossen alljährlich nur ein bestimmtes Quan=
tum abgegeben.

Das Kohlenbrennen durfte nur auf Grund besonderer Er=
laubnis und ohne Gefährdung des Waldes (durch Feuer) betrieben
werden. Während des Mittelalters scheint die Verkohlung haupt=
sächlich in Gruben vorgenommen worden zu sein.

Aschenbrennen, Bastschälen und Lohrindenreißen waren
Nutzungen, welche sehr oft, aber wie eben daraus hervorgeht, meist
erfolglos verboten wurden.

Die Harznutzung wurde gewiß damals bereits geübt, allein
besondere Verordnungen über dieselbe finden sich nur sehr selten,
ebenso wird die Teerschwelerei bloß am Harz erwähnt.

Die größte Sorgfalt war der Regelung der hochgeschätzten
Mastnutzung gewidmet,[1]) weil dieselbe nicht nur volkswirtschaftlich
eine hohe Bedeutung besaß, sondern in den herrschaftlichen Waldungen
auch die Haupteinnahme lieferte. In den Markwaldungen durften
nur selbstgezogene Schweine unentgeltlich zur Mast getrieben werden,
während für fremde eine Abgabe zu entrichten war. Die Zeitdauer
des Eintriebes war genau vorgeschrieben und oft periodisch an ver=
schiedene Berechtigte verteilt. Durch besondere Besichtigungen wurde
festgestellt, wie die Mast geraten war, und wieviele Schweine dem=
nach eingeschlagen werden konnten. Zur Kenntlichmachung der ord=
nungsmäßig eingetriebenen Schweine wurden dieselben entweder ge=

---

[1]) Es wurden sogar besondere, sehr ausführliche Eckerichts=Ordnungen erlassen,
wie z. B. für den Lußhardtwald v. 1434.

ringelt, d. h. mit einem Weidenring um den Hals versehen, oder mit einem sorgfältig aufbewahrten Eisen gebrannt.

Auch die Grasweide oder der Blumenbesuch war in eingehender Weise geordnet. Nur soviele Tiere durften zur Weide geschickt werden, als mit eigenem Futter überwintert werden konnten. Tages= und Jahreszeit der Weide waren bestimmt, krankes und unreines Vieh durfte nicht auf die Weide gelassen werden, eigene Hirten waren unstatthaft oder doch nur ein Vorrecht der Grundherrschaft und anderer bevorzugten Personen.

Die Schädlichkeit der Schafe und Ziegen für den Wald war schon frühzeitig erkannt, weshalb deren Eintrieb fast allenthalben verboten wurde (im Hagenauer Forst bereits 1158), Ziegen sollten vielfach überhaupt nicht gehalten werden.

Die Waldgrasnutzung wurde geübt, durfte aber weder in gehegten Waldungen noch so frühzeitig stattfinden, daß dadurch die Weide geschmälert wurde.

Auch von dem Vorkommen der Laubstreunutzung wird hie und da bereits im Mittelalter berichtet (z. B. Weistum für Bacherach v. 1386).

Die wilde Bienenzucht stand während des späteren Mittelalters in hoher Blüte und wurde in den größeren Nadelholzwaldungen durch die genossenschaftlich organisierten Zeidler betrieben, welche bedeutende Privilegien genossen und auf besonderen Gütern, den Zeidelhufen, wohnten.

Um die Nachhaltigkeit der Waldnutzungen besser sicherzustellen, bestand in allen Markgenossenschaften die Bestimmung, daß die Allmendnutzungen, sowie die aus solchen gefertigten Produkte entweder überhaupt nicht oder nur dann aus der Mark ausgeführt werden durften, wenn sie zuerst in derselben, und zwar meist um einen geringeren Preis, feilgeboten waren. Wer sich dagegen verfehlte, wurde unter Umständen sogar aus der Gemeinde ausgeschlossen. In jenen Bezirken, in welchen schon von jeher ein reger Holzhandel bestand, mußte wenigstens für das ausgeführte Holz eine besondere Abgabe entrichtet werden.

Gegen das Ende des Mittelalters begann auch bei Verwertung der Forstprodukte der Übergang von der Naturalwirtschaft zur Geldwirtschaft.

An Stelle der oben (S. 16) erwähnten Naturalabgaben für den Bezug von Forstnutzungen scheint am frühesten bei der Schweinemast eine Geldzahlung üblich geworden zu sein, denn schon im 13. Jahrhundert findet sich eine solche ·unter dem Namen: Dehem, welcher aus dem alten Naturalzehent, decima, entstanden ist. Ziemlich gleichzeitig wird auch schon eine jährliche Geldabgabe für den Bezug von Brennholz erwähnt.

Beim Stammholz wurde das schon frühzeitig übliche Anweisgeld ebenfalls späterhin öfters soweit erhöht, daß es den Charakter einer Bezahlung des Holzwertes erhielt, und dann für den Waldbesitzer vereinnahmt.

Der älteste bekannte größere Holzverkauf ist ein, im Stadtarchiv von Freiburg i./Br. erhaltener, Abstockungsertrag aus dem Jahre 1289, von weiteren Holzverkäufen in dieser Form wird aus der zweiten Hälfte des 14. Jahrhunderts in bairischen Urkunden berichtet.

Im 15. Jahrhundert begann der Verkauf des Holzes namentlich im südwestlichen und mittleren Deutschland Formen anzunehmen, welche sich der heutigen Verwerthungsweise „um die Taxe" nähern.

§ 20. Die Anfänge der Forstwirtschaft.

Wenn auch das Mittelalter zur Einführung einer geordneten Forstwirtschaft nicht gelangt ist, so finden sich doch verhältnismäßig frühzeitig an verschiedenen Orten sehr beachtenswerte Anfänge einer solchen, und zwar waren es hauptsächlich die Städte, welche in der Zeit ihrer Blüte auch diesem Zweige der Wirtschaft besondere Sorgfalt zuwandten.

Wie oben (S. 15) bereits erwähnt wurde, kamen von jeher bei der Fällung die beiden Gesichtspunkte der leichten Zurichtung und des bequemen Transportes in Betracht. Die Rücksicht auf letzteren hatte aber zur Folge, daß die Deckung des Holzbedarfes nicht durch eine sich über den ganzen Wald erstreckende Auspländerung einzelner Stämme erfolgte, sondern daß stets einzelne Distrikte besonders stark ausgenutzt wurden. Dieses war namentlich der Fall bei den Bezirken in der Nähe der Ortschaften, sowie bei jenen Waldteilen, welche an den Wasserstraßen lagen.

Wenn nun solche Flächen in eine lichtere Stellung gekommen waren, so stellte sich die Verjüngung teils infolge des Samenabfalles, teils durch Stockausschlag ein.

Es zeigte sich aber, daß, wenn die Fällungen ein gewisses Maß überschritten, die Verjüngung wegen Mangels an Samen nur in ungenügender Weise erfolgte, sowie, daß die fortwährenden Hauungen den jungen Aufschlag und die frischen Ausschläge stark beschädigten. Weiter erwies sich auch die Weide in solchen Beständen als der Verjüngung höchst nachteilig.

Infolgedessen wurden schon seit dem 12. Jahrhundert Waldorte, in denen die jüngeren Altersklassen vorherrschten, in Schonung gelegt. In diesen Hegewäldern, Bannwäldern, Werbüschen ꝛc. war sowohl die Holznutzung als die Weideausübung untersagt.

Die Fähigkeit des Laubholzes vom Stock auszuschlagen und so in der einfachsten Weise eine Verjüngung herbeizuführen, mußte namentlich bei jenen Waldungen, welche wegen der Nähe der Ortschaften besonders stark ausgenutzt wurden, auffallen und führte hier frühzeitig zur Entwicklung von nieder- und mittelwaldähnlichen Betriebsformen. Schon das bairische Landrecht von 1346 enthält Bestimmungen, welche auf eine derartige Bewirtschaftungsweise hinzudeuten scheinen; unzweifelhaft geht dieselbe aber aus den Zusätzen zu den alten Erfurter Statuten von 1359 hervor, wo von einer Einteilung des dortigen Stadtwaldes in sieben Schläge berichtet wird. Im 15. Jahrhundert finden sich Niederwald und Mittelwald in vielen Quellen erwähnt.

Gegen das Ende des Zeitabschnittes erscheint bereits mehrfach die Vorschrift, daß bei den Fällungen für jede Flächeneinheit (Morgen) eine bestimmte Anzahl Überhälter belassen werden solle. Die Ursache dieser für die Verjüngung der Bestände so wichtigen Maßregel dürfte in dem Wunsch nach Anzucht von Starkholz, sowie teilweise auch in jagdlichen Rücksichten zu suchen sein.

Künstlicher Anbau von Laubholz, und zwar durch Saat, wird in den bekannten Quellen nur ein einziges Mal (Seligenstadt am Main a. 1491) erwähnt.

In weit größerem Maßstabe, sowie auch erheblich früher, wurde die Nadelholzsaat angewendet. Zuerst scheint dieses im Jahre 1368 bei Nürnberg der Fall gewesen zu sein, von hier aus wurde dann um das Jahr 1400 auch ein ziemlich lebhafter Handel mit verschiedenen Nadelholzsämereien (Kiefer, Fichte und Tanne) nach auswärts betrieben. Für Frankfurt a./M. ist uns die betr. Korrespondenz aus den Jahren von 1426—1440 noch erhalten.[1]) In Baden wird des „Tannensäens" in der Ordnung für die Waldförster auf der Hardt von 1483 erwähnt.

Ziemlich gleichzeitig mit den Fortschritten der waldbaulichen Technik kam auch der Wunsch zur Geltung, eine gewisse Ordnung und Regelmäßigkeit in die Abnutzung zu bringen. Entsprechend dem damaligen Stande der Kenntnisse konnte dieses nur dadurch geschehen, daß man die Waldfläche ziemlich gleichmäßig auf die einzelnen Jahre der Umtriebszeit verteilte, und selbst dieses war nur für kleine Waldungen und sehr kurze Umtriebszeiten möglich. Die erste derartige Teilung erfolgte im Erfurter Stadtwald im Jahre 1359, wo die Fläche von 286 Acker in sieben, nur annähernd gleichgroße Jahresschläge (die Größe schwankte zwischen 30 und 50 Acker) je nach der örtlichen Zusammenlage zerlegt wurde. Ähnliche Schlageinteilungen werden im 14. und 15. Jahrhundert noch mehrfach für die Hackwaldungen an der Mosel und im Siegerland erwähnt.

Um die Mitte des 15. Jahrhunderts erschienen in Südwestdeutschland die ersten Vorschriften über ordentliche Holzhauerei (Lußhardtwald a. 1439, Heidelberger Stadtordnung a. 1471).

Zur Abmessung des Nutzholzes bediente man sich auch im Mittelalter ziemlich regelmäßig des Fußmaßes oder der Elle, daneben wird öfters eines Ringes als Maximal- bezw. Minimalmaß erwähnt, in welchem der Stamm noch oder nicht mehr gehen sollte. Für Brennholz blieben das ganze Mittelalter hindurch Fuder und Traglast die gebräuchlichsten Maße. Das Aufschichten des Brennholzes in Schichten von bestimmten Abmessungen wird zwar schon seit dem 9. Jahrhundert, jedoch vereinzelt, erwähnt, erst gegen das Ende des 15. Jahrhunderts kamen die Klaftermaße für diesen Zweck mehr in Aufnahme.

---

[1]) Vergl. Allgem. Forst-Zeitung 1885 S. 289.

Als bequemstes und natürlichstes Transportmittel des Holzes vom Wald an die Verbrauchsorte diente seit den ältesten Zeiten das Wasser. Schon die Römer haben ihren Niederlassungen am Rhein und am Neckar auf diese Weise das nötige Bauholz zugeführt, im unteren Murgthal trieb die Schiffergenossenschaft bereits im 13. Jahrhundert den Holzhandel als geordnetes Gewerbe.

Da man zum Transport auch sehr schwache Wasserläufe benutzen mußte und die stärkeren noch nicht reguliert waren, so konnte die gebundene Flößerei nur auf den größeren Flüssen und den Strömen zur Anwendung kommen, während auf den übrigen Gewässern fast ausschließlich getriftet wurde.

Der Holztransport wurde durch zahlreiche Verträge und Zollerleichterungen begünstigt, im 14. Jahrhundert wurden auch bereits Floßordnungen erlassen.

In geeigneten Gebirgslagen war von alters her die Anwendung von Schnee- und Erdriesen üblich, und zwar in größerer Ausdehnung als gegenwärtig.

Die ersten Andeutungen über einen primitiven Waldwegebau stammen aus dem 13. Jahrhundert (Freiburger Stadtwald).

3. Kapitel. Jagdwesen.

§ 21. Wildbann und Forsthoheit.

Durch die Errichtung der Bannforsten, welche sich in der Zeit vom 10. bis zum 12. Jahrhundert ungemein vermehrten, wurde die altdeutsche Auffassung, daß das Jagdrecht ein Ausfluß des Grundeigentums sei, vollständig umgestaltet. Man unterschied nunmehr die gewöhnliche Jagdausübung auf eigenem Grund und Boden (venatio) einerseits und das durch Königsbann geschützte Jagdrecht, welches auch auf fremdem Eigentum bestehen konnte, andererseits. Letzteres hieß früher forestum, seit dem 11. Jahrhundert kamen dafür die Bezeichnungen: „bannus ferinus, wiltbann, Wildbahn" auf.

Mit dem Wildbann war schon seit dem 9. Jahrhundert die Befugnis verbunden, auch andere Nutzungen in den betr. Waldungen, namentlich Rodungen, zu untersagen und die Gerichtsbarkeit gegen Zuwiderhandelnde auszuüben, bisweilen wurden diese Rechte auch als: bannus silvarum, appendicium foresti nochmals besonders hervorgehoben.

Hierdurch gewann das Wort „Bannholz" die allgemeine Bedeutung eines rechtlich besonders geschützten Waldes und wurde auch bei verschiedenen Gelegenheiten gebraucht, wo die Jagd überhaupt nicht in Betracht kam, so namentlich zur Bezeichnung der „gehegten Waldungen" (vergl. oben S. 41) gebraucht.

Das Recht, Bannforsten zu errichten, wurde stets als ein wesentliches Hoheitsrecht betrachtet, welches, ursprünglich nur vom Kaiser ausgeübt, seit der Ausbildung des Lehenswesens aber mit den übrigen Regalien auch an die Fürsten verliehen wurde.

Nach der Entwicklung der Landesherrlichkeit, also etwa seit der Mitte des 13. Jahrhunderts, fanden Neuerrichtungen von Bannforsten kaum mehr statt, allein die Fürsten gaben dem Hoheitsrechte des Wildbannes seit dem Anfang des 14. Jahrhunderts allmählich eine Ausdehnung, welche von weittragenden Folgen begleitet waren.

Zunächst versuchten allerdings nur einzelne mächtige Fürsten, vor allem wohl Herzog Rudolph von Österreich im Jahre 1359, die Jagdausübung in ihrem ganzen Lande als ein Regal zu erklären, wobei diese Neuerung dadurch verdeckt werden sollte, daß den bisherigen Eigentümern ihr Recht nicht entzogen, sondern als ein lehenbares, vom Herzog abhängiges belassen wurde.

Seit dem 15. Jahrhundert gewann diese Auffassung immer mehr Anhänger, wodurch zwar vielfache Streitigkeiten zwischen Fürsten und Ständen, aber doch auch eine erhebliche Erweiterung des fürstlichen Jagdrechtes veranlaßt wurden.

Das Aufsichtsrecht über die Bannforsten, welches ursprünglich nur die Wahrung der jagdlichen Interessen bezweckte, wurde gleichzeitig immer mehr erweitert und schon seit dem 13. Jahrhundert über sämtliche Waldungen ausgedehnt. Diesem Streben war das Verhältnis, in welchem die Fürsten als Obermärker zu den Markwaldungen standen, sehr günstig, indem sie hierdurch in der Lage waren, ihre Einwirkung auf den weitaus größten Teil der Waldungen ihres Gebietes bald aus dem einen, bald aus dem andern Grund geltend zu machen. Gegen das Ende des Mittelalters bildete sich durch Verschmelzung der beiden Rechtstitel in Verbindung mit der weiteren Entwicklung der Landesherrlichkeit, sowie der Vereinigung von Obermärkerschaft und Landeshoheit allmählich die Forsthoheit aus, welche ebenso wie das Jagdregal ihren Ursprung im Bannforst hatte.

Am frühzeitigsten machte sich die Forsthoheit in Süddeutschland fühlbar, wo schon in der zweiten Hälfte des 15. Jahrhunderts von einer fortwährend steigenden Beschränkung des Waldeigentums und der Waldwirtschaft durch den Landesherrn berichtet wird.

Da aus dem Wildbann so weitgehende und tiefeinschneidende Rechte bezüglich der Bannforsten abgeleitet wurden, erschien derselbe oft nicht mehr als ein Komplex von Einzelrechten am Wald, sondern die Einzelrechte wurden vielmehr als Ausfluß eines mehr oder minder ausgesprochenen Eigentumsrechtes am Wald betrachtet. Schon seit dem 14. Jahrhundert versuchten daher die Wildbannherren den thunlichst freien Besitz der Bannwälder zu erreichen, mit voller Gewalt setzte diese Bewegung aber erst gegen Ende des 15. Jahrhunderts ein, als die ganze politische und soziale Entwicklung auf weitere Ausdehnung des landesherrlichen Waldeigentums einerseits und den Untergang der markgenossenschaftlichen Verfassung andererseits hindrängte.

§ 22. Jagdrecht.

Das ausgedehnteste Jagdrecht besaßen während des späteren Mittelalters die großen Grundherren und seit der Entwicklung der Landeshoheit die Landesherren. Dasselbe bestand aus dem gewöhnlichen Jagdrecht auf ihrem Grundeigentum oder Lehensbesitz, ferner aus den Bannforsten und endlich aus gewissen Vorrechten jagdlicher Natur, welche ihnen als Obermärkern solcher Markgenossenschaften eingeräumt worden waren, die nicht ihrem grundherrlichen Verbande angehörten.

Die Ausdehnung der einzelnen Kategorieen des Jagdrechtes war anfangs sehr verschieden; allein im Laufe der Zeit verschmolzen dieselben immer mehr miteinander, und wußten die Landesherren namentlich die jagdlichen Befugnisse in den Markwaldungen fortwährend weiter auszudehnen.

Das mit dem Wildbann verbundene Jagdrecht hat sich wenigstens anfangs nicht auf sämtliches Wild, sondern nur auf die sog. **hohe Jagd** (Rotwild und Federspiel) erstreckt; die Jagd auf das geringere Wild blieb meist frei, und zur Erlegung von Raubwild, zu welchem meist auch das Schwarzwild gerechnet wurde, war nach den Rechtsbüchern jedermann berechtigt.

Auf diese Weise war die Trennung von hoher und nieder Jagd schon frühzeitig thatsächlich vorhanden, der Ausdruck „hohe" und „nieder" Jagd kommt jedoch erst um das Jahr 1500 vor, in den Weistümern gebrauchte man statt dessen die Bezeichnung Wild mit „rundem" bezw. mit „geschlittenem" (d. h. gespaltenem) Fuß.

Die **bäuerlichen Markgenossen** erfreuten sich auch im späteren Mittelalter meist noch eines ziemlich ausgedehnten Jagdrechtes; erst im 15. Jahrhundert, als die Verschlechterung der sozialen Verhältnisse des Bauernstandes begann, wurde dasselbe immer mehr eingeschränkt und ging um die Wende des 15. und 16. Jahrhunderts mit wenigen Ausnahmen ganz verloren.

Neben den Landesherren besaßen auch jene Grundherren, welche die Landesherrlichkeit nicht erlangt hatten, die adeligen Landsassen, die hohe Geistlichkeit und die Klöster, gegen das Ende des Mittelalters recht ansehnliche Jagdrechte, doch vermochten sie dieselben nicht im gleichen Maß zu vermehren wie die Landesherren, sondern mußten sich gar häufig ebenfalls gegen Anfechtungen von Seite der letzteren wehren. Nicht selten verlor der landsässige Adel wenigstens Teile seines Jagdrechtes und wurde dann vielfach durch Einräumung eines beschränkten Jagdrechtes, der sog. Gnadenjagden, beschwichtigt.

Die Gnadenjagden, welche übrigens auch aus anderen Veranlassungen verliehen wurden, bestanden in der Erlaubnis, innerhalb eines Jagdbezirkes jährlich eine bestimmte Stückzahl Wild zu erlegen oder einige Jagden abzuhalten, letzteres war namentlich gegen Ende des Mittelalters der Fall. Späterhin erhielt der Begriff der Gnadenjagd eine viel weitgehendere Bedeutung (vergl. unter § 47).

Die **Städte** erlangten erst in der zweiten Hälfte des Mittelalters Jagdrechte von größerer Bedeutung, doch stand ihnen meist nur die nieder Jagd und die Erlegung des Raubwildes zu.

Eine neue Erscheinung, welche erst gegen das Ende des Mittelalters auftrat, waren die freien Pürschen. Dieselben bestanden darin, daß in einem größeren Bezirk, welcher das Territorium mehrerer Landesherren umfaßte, alle ansässigen, unbescholtenen Leute, Bürger und Bauern zur vollen Ausübung der Jagd berechtigt waren.

Solcher freien Pürschgebiete fanden sich mehrere in den territorial so ungemein zersplitterten Gebieten des südwestlichen Deutschlands an der oberen Donau, am oberen Neckar, bei Memmingen 2c.

Eine bemerkenswerte jagdrechtliche Institution jener Periode war die Vorjagd. Dieselbe wurde wohl ausschließlich nur in markgenossenschaftlichen Bezirken ausgeübt und bestand darin, daß gewisse bevorrechtete Personen meist die Schirmherren und Grundherren bei Beginn der Jagdzeit während eines bestimmten Zeitraumes allein die Jagd ausüben durften, ehe dieses auch den übrigen Jagdberechtigten gestattet war.

Die Art und Weise des mittelalterlichen Jagdbetriebes, welche in der Hauptsache eine Hetzjagd war, ließ die Gestattung der Wildfolge als eine Notwendigkeit erscheinen.

Die betreffenden Verhältnisse waren indessen in den einzelnen Bezirken ungleich entwickelt.

Nach den Rechtsbüchern durfte der Jäger ein Stück Wild in den Bannforst hinein zwar verfolgen, aber nicht die Jagd als solche fortsetzen. War das Wild bereits verendet, wenn der Jäger hinzukam, so durfte er es fortnehmen, traf er es aber noch lebend, so gehört dasselbe dem Herrn des betr. Wildbannes.

Nach den Weistümern war die gegenseitige Jagdfolge Regel.

Seit dem 14. Jahrhundert suchten die Landesherren die Wildfolge in ihre Jagdbezirke hinein immer mehr einzuschränken.

§ 23. Jagdausübung.

Die zunehmende Kultur des Landes hatte im späteren Mittelalter mehrfache Veränderungen der in Deutschland vorkommenden Wildarten zur Folge. Am frühesten verschwand das verwilderte Pferd aus dem südlichen und mittleren Deutschland, in Ostpreußen kam es aber noch im 15. Jahrhundert ziemlich häufig vor.

Wisent, Ur und Elch werden noch im Nibelungenlied (ca. 1170) als in der Gegend von Worms heimisch erwähnt, wurden aber alsdann auch immer weiter nach Osten zurückgedrängt. Auerochs und Wisent finden sich zu Anfang des 16. Jahrhunderts noch in Litauen, ersterer scheint in Polen gegen Ende des 16. oder zu Anfang des 17. Jahrhunderts ausgestorben zu sein, während sich vom Wisent und Elch schließlich noch kleine Bestände im Bialowiecer Wald bezw. in Ibenhorst bis zur Gegenwart erhalten haben.

Die Fasanen kamen im 14. Jahrhundert zuerst im Südwesten bereits verwildert vor und verbreiteten sich von hier aus weiter.

Bezüglich der Hilfsmittel zur Jagd ist als wichtigster Fortschritt der Ersatz von Pfeil und Bogen durch die Armbrust seit dem 12. Jahrhundert zu erwähnen. In der zweiten Hälfte des 15. Jahrhunderts begann man hie und da auch bereits das Feuergewehr zur Jagd zu verwenden. Der Gebrauch von abgerichteten Hirschen und Tieren wird seit dem 10. Jahrhundert nicht mehr erwähnt.

Wie früher war auch jetzt für das größere Wild das Überlandjagen die gebräuchlichste Jagdmethode. Dieselbe erfuhr jedoch im 13. Jahrhundert eine erhebliche Verbesserung durch die Anwendung des „Hages" (Hecken, indago). Man legte nämlich an geeignete Stellen, wo das Wild gern durchwechselte, teils bleibende Hecken, teils nur vorübergehend Einzäunungen an, welche von Strecke zu Strecke Öffnungen hatte, in welchen entweder Schlingen und Netze angebracht waren oder die Jäger (wohl meist der Jagdherr selbst und seine Gäste) Aufstellung nahmen. Das Wild wurde zuerst durch Vorsuche bestätigt und dann von Jägern mit Hilfe der Hunde in der Richtung gegen den Hag gehetzt.

Die Falkenbeize stand zu dieser Zeit als ritterliches Vergnügen in hoher Blüte.

Im 13. Jahrhundert wird zum ersten Male eine besondere Schonzeit für das Wild während der Setzzeit erwähnt.

Für die Jagdherren und ihr Gefolge nebst Pferden und Hunden wurde in den entlegenen Orten, gewöhnlich in Klöstern, bei Gutsverwaltern oder auch bei den Unterthanen Herberge und Verpflegung auf Grund der Atzungspflicht (jus albergariae) in Anspruch genommen, welche gewöhnlich eine Gegenleistung für den Genuß bestimmter Güter oder Vergünstigungen darstellte.

Dieses Auskunftsmittel war im späteren Mittelalter bei den Reisen der hohen Herren und ihrer Beamten ganz allgemein üblich, bildete aber unter Umständen für den Pflichtigen eine sehr schwere Last.

Je mehr die Landeskultur zunahm, desto empfindlicher wurde für den Landmann die Beschädigung der Feldfrüchte durch das Wild und die Jagd.

Schon der Sachsenspiegel verbot, durch die Felder zu hetzen, wenn das Korn in die Halme geschossen war, und zu Ende des 15. Jahrhunderts wurden den Bauern schon Vorbeugungsmittel gegen Wildschaden gestattet.

In der Litteratur des 12. und 13. Jahrhunderts findet sich bereits die Waidmannssprache ganz in der heutigen Weise.

4. Kapitel. Strafwesen, Verwaltung und Litteratur.

§ 24. Forst- und Jagdstrafwesen.

Für das Forststrafrecht blieben anfangs noch die Volksrechte in Kraft, bis dieselben in den Markwaldungen den neueren Rechtsbildungen, welche in den Weistümern enthalten sind, wichen. In den Waldungen, welche die großen Grundherren und später die Landesherren ihrem eigenen Gebrauche vorbehalten hatten, wurden diese Delikte meist in den Eigentumsordnungen behandelt.

Die Rechtsbücher beschäftigten sich nur mit den schwereren Arten rechtswidriger Handlungen am Wald, namentlich mit der Entwendung von aufgearbeitetem Holz.

Die altdeutsche Auffassung, daß die Produkte des Waldes, namentlich aber das Holz, ein Gemeingut seien, dessen Benutzung jedem freistehe, ist durch das ganze Mittelalter hindurch maßgebend für die Gestaltung des Forststrafrechtes geblieben. Der größere Wert, welchen die Forstprodukte für die Volkswirtschaft erlangten, und die damit zusammenhängende schärfere Ausbildung des Eigentumsbegriffes am

Wald, sowie die sich entwickelnde Forstwirtschaft haben allerdings im Laufe der Zeit modifizierend auf dieselbe eingewirkt.

In Freidank's Bescheidenheit (13. Jahrh.) heißt es noch:

> Dem richen walt lützet schadet,
> ob sich ein man mit holze ladet.

Selbst im 15. Jahrhundert, als die Marktgenossenschaften Eingriffe Fremder bereits energischer abzuwehren suchten, findet sich noch häufig die Bestimmung, daß auch der Ausmärker straffrei sein solle, wenn er, ohne gepfändet zu sein, wieder auf die ordentliche Straße oder aus dem Wald gekommen war.

Ebenso allgemein verbreitet ist aber auch der Satz: „gehawen holz genommen, dat is ein dieberey," und in den Rechtsbüchern wurde die Entwendung von gehauenem Holz als gemeiner Diebstahl geahndet.

Die strengere Bestrafung der Forstfrevel, welche in den Bannforsten angedroht war, hatte wohl vorwiegend nur den Schutz des Eigentumsrechtes an und für sich durch Abschreckung bezweckt, denn wie sollte es dem gemeinen Manne möglich sein, die unerschwinglich hohe Geldstrafe des Königsbannes zu bezahlen, welche auch zu dem begangenen Unrecht in gar keinem Verhältnis stand!

Mit dem Erlaß der verschiedenen Bestimmungen über Regelung der Waldnutzungen (s. oben S. 37) vermehrte sich auch die Zahl der strafbaren Handlungen am Walde sehr bedeutend, ebenso hatte die Entwicklung der Forstwirtschaft zur Folge, daß in den gehegten Waldungen die Ausübung der sonst gestatteten Holz- und Weidenutzung bei Strafe verboten wurde.

Als Strafmittel kam in erster Linie Geld in Anwendung. Nachtzeit sowie Sonn- und Feiertage galten allgemein als Erschwerungsgründe der Forstfrevel.

In den Marktwaldungen wurden Ausmärker stets strenger bestraft als Inmärker.

So gelind im allgemeinen die Strafen für die unberechtigte Aneignung der zum gewöhnlichen Gebrauche bestimmten Forstprodukte waren, so streng, ja geradezu grausam, wurden Grenzverletzung, Brandstiftung und böswillige Beschädigung der Bäume geahndet.

Die Anzeige geschah der Regel nach durch die eigens zum

Forstschutz aufgestellten Beamten, doch war auch meist jeder Markgenosse verpflichtet, wahrgenommene Forstfrevel zur Anzeige zu bringen.

Der Beweis erfolgte durch das bei der Verhandlung vorzulegende Pfand, seltener, und zwar meist nur bei Inmärkern, genügte die einfache Anzeige.

Der Gerichtsstand bei Forstfreveln war verschieden. In den Markwaldungen war die periodische Märkerversammlung unter dem Vorsitz des Obermärkers zur Aburteilung derselben zuständig, in den Reichswaldungen und größeren landesherrlichen Waldungen dagegen war teils der Vogt, teils der Forstmeister der Träger der Gerichtsgewalt und Vorsitzende des Gerichtes, während die Förster als Schöffen fungierten.

Die Geldstrafen wurden gewöhnlich zwischen den Eigentümern und Gerichtsvorsitzenden geteilt.

Bezüglich der Jagdvergehen laufen im späteren Mittelalter zwei Strafsysteme nebeneinander her.

Die normale Strafe für die Verletzung des Jagdrechtes in den Bannforsten war eine Geldbuße, und zwar jene des Königsbannes von 60 Schillingen; als sich im Laufe der Zeit der Geldwert und Münzfuß änderte, wurde auch das Strafmaß entsprechend modifiziert. Seit dem 14. Jahrhundert findet sich auch häufig die Bestimmung, daß für das erlegte Wild neben der Geldstrafe noch ein entsprechend großes Haustier gegeben werden mußte, z. B. für einen Hirsch ein bunter Ochse, für ein Reh eine fahle Gais 2c.

Diese Geldstrafen bezogen sich aber eben wegen ihrer Höhe nur auf die unbefugte Jagdausübung von seiten hoher Herren mittels waidmännischer Methoden, welche in der Lage waren, dieselben eventuell auch bezahlen zu können. Der Beweis hierfür liegt darin, daß für jene Jagdfrevel, welche der kleine Mann mit den ihm zu Gebote stehenden Mitteln begehen konnte, Leibesstrafen schon seit dem Anfang des 13. Jahrhunderts üblich waren. Selbst der Schwabenspiegel, der ausdrücklich hervorhebt, daß niemand wegen Jagdvergehen an Leib oder Leben gestraft werden solle, droht für die Entwendung von Falken aus dem Nest im Unvermögensfalle mit dem Verlust der rechten Hand.

Die am meisten genannten Jagdfrevel sind: Stricken d. h. Schlingen stellen, Lauschen[1]) = an Garnen auflauern, und Druhen[2]) = Fallen legen. Als Strafen waren hierfür das Abschneiden der Daumen oder der Hand, bisweilen auch des Fußes, angedroht. Das Forstpersonal durfte bei Thatbetretung öfters diese Körperstrafen sofort vollziehen.

Gerichtsstand und Verfahren waren bei Jagdfreveln im allgemeinen die gleichen wie bei den Forstfreveln, nur übte der Inhaber des Jagdrechtes einen ziemlich weitgehenden Einfluß auf die Rechtsprechung.

§ 25. Forst- und Jagdpersonal.

Die schon im frühen Mittelalter übliche Trennung zwischen den Organen der Forstwirtschaft und jenen des Jagdbetriebes blieb auch bis zum Schluß der besprochenen Periode bestehen.

Die Leitung des Jagdbetriebes gehörte zu den einflußreichsten Stellungen am kaiserlichen, sowie späterhin auch an den landesherrlichen Höfen. Seit dem 11. Jahrhundert wird dort eine stets wechselnde Anzahl von Reichsjägermeistern genannt, zeitweise kommt sogar ein Erzjägermeister vor.

Der eigentliche Jagdbetrieb war Sache der Jäger, welche meist ihren ständigen Aufenthalt am Hofe oder bei bestimmten Schlössern hatten und dann je nach Bedarf in den verschiedenen Jagdgebieten verwendet wurden.

Die Forstverwaltung bildete in den Waldungen der Landesherren und großen Grundbesitzer einen Teil der allgemeinen Güterverwaltung, welcher den Amtleuten, Kastnern ꝛc. unterstand. Eine Ausnahme machten nur die großen Reichsforsten, sowie auch einige ausgedehnte landesherrliche Waldungen, z. B. der Spessart. Hier war die Forstverwaltung schon frühzeitig selbständig organisiert und

---

[1]) Von lnzen = heimlich auflauern.
[2]) druw, richtiger drûh = Falle, fuazdruh = pedica.

einem eigenen höheren Beamten, dem Forstmeister, magister forestarius, comes forestarius, unterstellt.

Forstmeister finden sich übrigens bisweilen auch in kleineren Waldungen, wo sie aber weit weniger günstig standen und dem Amtmann untergeordnet waren.

Der Forstbetrieb selbst und die Handhabung des Forstschutzes, sowie meist auch des Jagdschutzes war den Förstern (Wildförster, Holzknechte) übertragen, welche übrigens öfters auch zur Dienstleistung anderer Art verwendet wurden.

In den Markwaldungen waren für die Holzanweisung und den Forstschutz untergeordnete Markbeamte angestellt, welche verschiedene Namen führten: Förster, Waldförster, Bannwarte, scharatores. Sie unterstanden den Märkermeistern, Holzgrafen ꝛc., hatten aber eine höhere Stellung als die ganz untergeordneten Diener: Holzknechte, Forstknechte, Schützen ꝛc. Eine Grenze zwischen beiden Kategorien ist übrigens schwer zu ziehen; in den meisten Marken findet man einen der untergeordneten Beamten mit einem oder mehreren Dienern, bisweilen fehlen auch letztere, und die Förster nehmen selbst eine diesen ähnliche Stellung ein. Die Ernennung der Forstbeamten war in den freien Marken Sache der Märkerversammlung, in den grundherrlichen stand dieselbe dem Grundherrn zu, doch überließ derselbe meist die Wahl dem freien Belieben der Markgenossen; erst seit Beginn des Verfalles der Markgenossenschaften machte sich auch hier eine stärkere Einwirkung des Herrn geltend.

Bis zum Schluß des Mittelalters erhielten die Forstbeamten keine Geldbesoldung von seiten des Waldbesitzers, sondern hatten nur solche Geldeinnahmen, welche aus ihrem Amt direkt in Form von Anweisgeldern, Anzeigegebühren, Pfandgebühren ꝛc. eingingen. Für die höheren Forstbeamten bildeten namentlich die Strafanteile neben verschiedenen anderen ihnen zustehenden Rechten eine sehr erhebliche Einnahmequelle.

Der Gehalt der Förster, der landesherrlichen sowohl als der markgenossenschaftlichen, bestand im Genuß der ihnen verliehenen Güter, ferner im Bezug freien Brenn- und Bauholzes, im Mastrecht, sowie in der Befugnis, gewisse Holzanfälle, wie Afterschlag, Schneebruchholz ꝛc.

für sich verwerten zu dürfen. Hie und da erhielten die Forstbeamten auch von allen Bewohnern des betr. Bezirkes jährliche Naturalabgaben an Hühnern, Käsen, Eiern ɾc.

Da diese Form der Besoldung vielfache Gelegenheit zu Unterschleifen gab, so wurde an einigen Orten schon im 15. Jahrhundert der Versuch gemacht, wenigstens einzelne Naturalbezüge in eine feste Geldbesoldung umzuwandeln, allein die ältere Art und Weise der Besoldung hat sich in den weitaus meisten Fällen noch lange über das Mittelalter hinaus erhalten.

§ 26. Litteratur.

Aus dem Mittelalter ist ein einziges Buch auf uns gekommen, in welchem forstliche Verhältnisse, wenn auch nur in dürftigster Weise, besprochen werden, nämlich das Werk eines Bolognesen Senators, Petrus de Crescentiis, mit dem Titel: „ruralium commodorum libr. XII," welches um das Jahr 1300 verfaßt wurde. Dasselbe enthält eine scholastische Kompilation aus den römischen Schriftstellern über die Landwirtschaft, namentlich aus Varro, M. P. Cato, Columella, Palladius ɾc., vermischt mit aristotelischen und arabischen naturwissenschaftlichen Ideen.

Dieses Buch wurde zuerst 1471 in Augsburg gedruckt und alsbald ins Deutsche, Französische und Italienische übersetzt. Obwohl das Werk unmittelbar auf die Entwicklung der deutschen Forstwirtschaft gar keinen Einfluß geübt hat, so ist dasselbe doch deshalb zu erwähnen, weil es sich einer ungemeinen Verbreitung zu erfreuen hatte und in der sog. Hausväterlitteratur des 16. und 17. Jahrhunderts vielfach benutzt worden ist.

Die Reihe der Jagdschriftsteller scheint Kaiser Friedrich II. mit einem zuerst 1596 in Augsburg gedruckten Buche über die Falknerei eröffnet zu haben, welches den Titel führt: Reliqua librorum Friderici II. imperatoris de arte venandi cum avibus. Beigegeben sind diesem Buche: Alberti Magni capita de falconibus, asturibus et accipitribus. Der technische Teil der Falknerei ist in diesem Werke recht gut dargestellt.

Auch Petrus de Crescentiis hat der Falkenbeize ein Kapitel gewidmet.

Um die Mitte des 14. Jahrhunderts erschien in Schwaben ein größeres Werk über die Hirschjagd, von welchem jedoch nur Bruchstücke auf uns gekommen sind, welche Karajan unter dem Titel: „Von den Zeichen des Hirsches" herausgegeben hat. Die Zeichen der Fährte und der Losung werden hier in sehr treffender Weise geschildert.

III. Abschnitt.
Vom Schluß des Mittelalters bis zur Mitte des 18. Jahrhunderts
(1500—1750).

§ 27. Quellenkunde.

1. Die Forstordnungen (Holzordnungen, Waldordnungen ꝛc.) sind allgemeine Landesgesetze, welche die Benutzung und Bewirtschaftung sämtlicher in einem Staate vorhandenen Waldungen und bisweilen gleichzeitig auch die Verhältnisse der Jagd und Fischerei nach allen Richtungen hin regeln.

Der Ausdruck „Forstordnungen" findet sich allerdings bereits früher, jedoch nur für Eigentumsordnungen oder für Vorschriften wegen Benutzung der Markwaldungen.

Forstordnungen im eigentlichen Sinne, d. h. Forsthoheitsordnungen, wurden erst nach der vollen Ausbildung der Landesherrlichkeit und der damit zusammenhängenden Entwicklung der Forsthoheit, also seit dem Anfang des 16. Jahrhunderts, erlassen.

Die Zahl der Forstordnungen ist eine ungemein große, da solche nicht nur in allen Territorien erschienen, sondern auch im gleichen Staat innerhalb längerer oder kürzerer Zeit häufig ohne oder doch nur mit geringfügiger Veränderung wieder publiziert wurden.

Die Forstordnungen wurden gewöhnlich jährlich ein- oder zweimal verlesen, damit sich niemand mit Unkenntnis entschuldigen konnte, und zwar geschah dieses entweder von der Kanzel aus oder auf dem Rathaus.

2. Forst- und Jagdsachen sind auch vielfach in den Polizeiordnungen und Landtagsabschieden neben anderen Gegenständen behandelt.

3. In den Verwaltungsakten, Waldbeschreibungen, Waldbesichtigungsprotokollen ꝛc. ist ein forstgeschichtlich ungemein reichhaltiges Material enthalten, welches um so größere Bedeutung besitzt, als man sich nur hierdurch ein Bild über den wirklichen Zustand der Waldungen und die Befolgung der Forstordnungen verschaffen kann.

4. Die Weistümer bieten für Deutschland noch im 16. Jahrhundert zwar beachtenswertes Material, doch hat dasselbe infolge der stärkeren Einwirkung der Landesherren und des römischen Rechtes schon viel von seiner früheren Frische und Originalität eingebüßt. Günstiger liegen diese Verhältnisse für Österreich und die Schweiz.

---

1. Kapitel. Waldeigentum.

§ 28. Landesherrlicher Waldbesitz.

Der Waldbesitz der Landesherren vergrößerte sich in der Zeit vom 16. bis zum 19. Jahrhundert aus verschiedenen Ursachen ganz erheblich.

1. Infolge des den Landesherren zustehenden Rechtes an herrenlosen Gütern waren diese in der Lage, auch jetzt noch recht ausgedehnte Landstrecken und mit diesen in den meisten Fällen sehr ansehnliche Waldungen ihrem Besitz einzuverleiben. Insbesondere wurden die entlegenen Partien der bairischen und österreichischen Alpen noch lange Zeit als res nullius betrachtet und teilweise erst gegen Ende des 18. Jahrhunderts als landesherrliches Eigentum erklärt.

Während der vielen und langdauernden Kriege, namentlich infolge des 30jährigen Krieges, verödeten viele Dörfer, die zugehörigen Feldfluren verstrauchten alsdann und fielen dem Landesherrn anheim.

2. Auf Grund des **Bergregals** wurden häufig die in der Umgebung der Bergwerke gelegenen Waldungen als landesherrliches Eigentum beansprucht.

3. Einen höchst beträchtlichen Zuwachs erhielten die landesherrlichen Waldungen aus Veranlassung der **Reformation** in den protestantisch gewordenen Gegenden durch die Säkularisation der meist sehr umfangreichen Kirchen- und Klostergüter, welche größtenteils in das Eigentum des Landesherrn übergingen.

4. Im westlichen und südlichen Deutschland erwarben die Landesherren während dieser Periode sehr bedeutende Waldkomplexe durch ihre Beziehungen zu den **Markgenossenschaften**. Wenn auch diese Entwicklung durch die weitere Ausgestaltung der Schirmvogtei und die aus dem Jagdregal gefolgerten Ansprüche bereits während der letzten Jahrhunderte des Mittelalters vorbereitet worden war, so vermochten die Landesherren doch erst seit dem 16. Jahrhundert infolge der vollständigen Ausbildung der fürstlichen Gewalt, des Verfalles der Markgenossenschaften und der fortwährend weiterschreitenden Verschlechterung der sozialen Lage des Bauernstandes ihre Ansprüche in immer größerem Umfang und mit steigendem Erfolg geltend zu machen.

Das Ergebnis des jahrhundertelangen Kampfes zwischen Landesherrn und Markgenossen war, daß erstere unter Anwendung der verschiedenlichsten Mittel[1]) vielfach das Eigentum der Markwaldungen ganz an sich rissen, während die Markgenossen zu bloßen Servitutberechtigten herabgedrückt wurden, in anderen Fällen gelang es letzteren, wenigstens einen Teil ihres bisherigen Eigentums für sich zu retten.

Die Frage nach der staatsrechtlichen Stellung des Domaniums, welche in den übrigen Staaten erst zu Beginn des 19. Jahrhunderts auftauchte, wurde in Preußen um mehr als ein Jahrhundert früher als in irgend einem anderen Staat durch das Edikt von Friedrich Wilhelm I. von 1713 dahin entschieden, daß ein

---

[1]) Näheres hierüber findet sich in meinem Handbuch der Forst- und Jagdgeschichte S. 288—305.

Unterschied zwischen Domänen- und Chatoullegütern nicht mehr bestehen, sondern beiden die Natur echter Domanialgüter beiwohnen solle.

In Preußen traten demnach Staatswaldungen im modernen Sinne zuerst auf.

§ 29. Waldbesitz der Bauern, der Städte und des Adels.

Die Entwicklung des Grundeigentums seit dem 16. Jahrhundert ist der Erhaltung der Allmenden nicht günstig gewesen, da auch jener Teil der Markwaldungen, welcher nicht in landesherrlichen Besitz überging, von sonstigen zersetzenden Einflüssen nicht frei blieb.

Als die markgenossenschaftliche Autonomie im 16. und 17. Jahrhundert mehr und mehr erlosch, und die Forsthoheit die Bewirtschaftung der Markwaldungen in lästige polizeiliche Fesseln schlug, schwand mit dem Gemeinsinn auch das Interesse am gemeinen Eigentum.

In schnödem Egoismus strebten die Genossen nach Teilung, um die ihnen zugewiesenen Parzellen ohne obrigkeitliche Bevormundung und gegenseitige Kontrolle möglichst ausnutzen zu können.

Als dann im 18. Jahrhundert die Auffassung Verbreitung gewann, daß die Form des Gemeinbesitzes überhaupt ungeeignet sei, um die höchstmöglichste Produktion zu erzielen, begünstigte man die Teilung der Markwaldungen auch aus Gründen der Staatsraison und hoffte von der freien Privatwirtschaft eine Besserung der schlechten forstwirtschaftlichen Verhältnisse.

So führte die historische Entwicklung zu einer immer weitergehenden Zersplitterung der alten großen Marken; während aber das Mittelalter meist, soweit es sich nicht um Beschaffung von Ackergeländen handelte, bei der Bildung von Dorfallmenden Halt gemacht hatte, erfolgte jetzt vielfach der letzte Schritt auf diesem Wege durch Aufteilung der Dorfmarken unter die Genossen zu Privateigentum, wodurch nunmehr auch der bäuerliche Privatwaldbesitz größere Ausdehnung gewann.

Die Zahl der Landesherren und Markgenossenschaften, welche diesen Strömungen widerstanden und eine Wiederbelebung des genossenschaftlichen Geistes versuchten, ist leider sehr gering gewesen.

Infolge dieser Verhältnisse stellen die Flächen, welche bei Beginn des 19. Jahrhunderts noch im Besitz der Gemeinden verblieben sind, nur einen sehr dürftigen Rest der alten großen Marken dar.

Die Teilung wurde häufig dadurch vorbereitet, daß die Genossen ihren Anteil an den Allmendennutzungen nicht mehr im ganzen Wald, sondern nur noch in bestimmten Bezirken, hier aber ausschließlich und allein, befriedigten. Das Wesen der Gemeinheit war so bereits durchbrochen, während die Genossenschaft formell noch fortdauerte. Bei den späteren Teilungen gingen dann die betr. Bezirke (Waren, Scharen, Lathen ꝛc.) regelmäßig in das Eigentum der bisherigen Nutznießer über.

Bäuerlicher Privatwald entstand während dieser Periode auch öfters dadurch, daß die Grundbesitzer ihren Hintersassen, welche bisher keinen eigenen Wald besaßen, sondern ihren Holzbedarf im Herrschaftswald befriedigt hatten, besondere Waldstücke als Eigentum überwiesen.

Bei den Kolonisationen in den östlichen Provinzen von Preußen seit dem 16. Jahrhundert wurde den Ansiedlern, ähnlich wie dieses schon in den vorausgehenden Jahrhunderten geschehen war, je nach Lage der örtlichen Verhältnisse bald gemeinschaftlich, bald jedem Einzelnen Wald überwiesen.

Die deutschen Städte, in welchen während des 16. und 17. Jahrhunderts hauptsächlich durch die veränderte Richtung des Welthandels und die Verheerungen des 30jährigen Krieges der früheren Blüte eine Periode des Verfalles gefolgt war, machten in dieser Periode keine besonders nennenswerten Walderwerbungen.

Ungleich günstiger als für die Städte und für die ländliche Bevölkerung gestalteten sich die Verhältnisse für den Waldbesitz des landsässigen Adels, sowie der unter Landeshoheit stehenden Stifte und Klöster.

Insbesondere mußte der Adel aus den politischen Wirren und sozialen Umgestaltungen für sich bedeutende Vorteile zu ziehen.

Bei den Markgenossenschaften war derselbe, ebenso wie die Landesherren, als Obermärker und noch häufiger als Mitmärker beteiligt. In der ersteren Eigenschaft trat derselbe den Markgenossenschaften im wesentlichen ebenso gegenüber, wie oben bezüglich der Landesherren angeführt worden ist, wenn auch sein Vorgehen wegen der geringeren Macht nicht immer von dem gleichen Erfolg begleitet war. Als Mitmärker erwarben sie teils durch Gewalt, teils durch Zugeständnis von seiten der Landesherren, welche sich über ihren Widerstand nicht so leicht hinwegsetzen konnten wie über jenen der bäuerlichen Genossen, ansehnliche Stücke des Markwaldes als Eigentum.

Es gelang den Abeligen aber auch nicht selten durch geschickte Benutzung der Verhältnisse, ziemlich beträchtliche Teile der landes= herrlichen Waldungen an sich zu reißen.

Kirchen und Klöster erwarben auch in dieser Periode Grund= besitz und Wald durch Schenkungen und Vermächtnisse.

§ 30. Forstberechtigungen.

Durch das Zusammenwirken verschiedener Umstände ist die Zahl der Forstberechtigungen seit dem Ende des Mittelalters ganz erheblich gewachsen. Die wichtigsten der hierbei mitwirkenden Gründe sind folgende:

1. **Der Verfall der Markgenossenschaften.** Wohl in allen Fällen, in welchen das Eigentum des Markwaldes an die Landesherren oder an sonstige Schirmherren überging, verblieben den Markgenossen wenigstens ihre bisherigen Bezüge aus dem Wald, allerdings meist mehr oder minder eingeschränkt; sie befriedigten aber ihre Bedürfnisse jetzt nicht mehr als Eigentümer, sondern nur noch als Nutzungsberechtigte.

2. Wenn auch das Bestreben der Markgenossen, sich gegen neuen Zuzug vollständig abzuschließen, späterhin nicht mehr aufrecht zu erhalten war, so wurde den neuen Ansiedlern doch vielfach kein oder doch nur ein beschränkter Anteil an den Marknutzungen eingeräumt, und es entwickelte sich so die Trennung in eine engere und eine weitere Gemeinde, von denen meist erstere die vermögens= rechtliche, letztere die politische Seite der alten Markgenossenschaft übernahm. Häufig ging dann späterhin das Eigentum des Mark= waldes an die politische Gemeinde über, während den Inhabern der alten Anwesen servitutarische Berechtigungen am Gemeindewald ein=

geräumt wurden. Ihren formellen Abschluß hat diese Entwicklung meist erst durch die neuere Gemeindegesetzgebung zu Anfang des 19. Jahrhunderts erfahren.

3. Bei ausgedehnten Besitzungen begnügten sich die Grundherren öfters in den Waldungen, welche den Hofmarkgenossenschaften überwiesen worden waren, mit dem Genuß einzelner Vorrechte als Zeichen des Eigentumes. In vielen Fällen haben hier die Hofmarkgenossenschaften im Laufe der Zeit das volle Eigentum des Waldes erworben, während die Herrenrechte den Charakter von Servituten am Gemeindewald oder Genossenschaftswald annahmen.

4. Auch in dieser Periode wurden noch zahlreiche und zwar oft noch recht ausgedehnte Nutzungsrechte verliehen. Dieses geschah vor allem zur Hebung des Bergbaues (Harz!), aber auch Pfarrern, Lehrern, Hintersassen, armen Leuten, Gewerbetreibenden ꝛc. gewährte man noch mit vollen Händen Anteil an den Nutzungen des Waldes.

Dieses war ferner ein sehr beliebtes Mittel, um Kolonisten in menschenarme Gegenden zu ziehen, wo das Holz ohnehin nur einen sehr geringen Wert hatte. Sowohl in den Gebirgen (Schwarzwald, Alpen, Karpathen ꝛc.) als auch in östlichen Provinzen von Preußen machte man hiervon umfassenden Gebrauch.

Die Städte erhielten zur Beförderung ihres Wachstumes ebenfalls häufig Bauholz ganz unentgeltlich, oder doch wenigstens für einen sehr geringen Preis.

5. In denjenigen Gegenden Deutschlands, in welchen die Markgenossenschaften überhaupt fehlten, oder wo dieselben schon frühzeitig in grundherrliche Markgenossenschaften ohne eigenen Wald umgewandelt worden sind, wurde das Bedürfnis der Kolonisten und Hintersassen an Waldnutzungen im herrschaftlichen Wald befriedigt. Späterhin haben sich diese mit dem Kolonatsverhältnis verbundenen Nutzungsrechte in Servituten umgewandelt.

6. Bei dem Mangel einer geordneten Forstwirtschaft und der Geringwertigkeit der meisten Waldnutzungen war es leicht möglich, daß auch in dieser Periode Forstberechtigungen durch Okkupation und Verjährung entstehen konnten.

7. In vielen Fällen war die Art der **Gegenleistung** für die Forstprodukte eine Veranlassung zur Entstehung von Servituten. Ursprünglich bestanden dieselben entweder in Naturalabgaben oder in einer zwar geringen, aber doch dem damaligen Werte der Forstprodukte entsprechenden Geldzahlung. Als nun der Wert dieser Produkte zunahm und an die Stelle der Naturalwirtschaft die Geldwirtschaft trat, unterblieb häufig aus verschiedenen Gründen eine angemessene Erhöhung der Gegenleistung oder die Umwandlung der Naturalabgaben in Geld. Durch dies sich allmählich immer mehr steigernde Mißverhältnis zwischen Leistung und Gegenleistung erhielt letztere im Laufe der Zeit den Charakter einer Abgabe für einen Rechtsbezug.

So verschiedenartig die Geschichte der Forstberechtigungen war, so begann man doch, seitdem das römische Recht auch auf forstliche Verhältnisse Anwendung fand, sie alle gleichmäßig als **Servituten im römisch-rechtlichen Sinne** anzusehen und zu behandeln, wodurch bald der Berechtigte, bald der Belastete in eine günstigere Lage kam.

Seit dem 16. Jahrhundert erfuhren die Berechtigungen auch bezüglich der Ausübung verschiedene Veränderungen.

Zunächst wurde verlangt, daß die Berechtigten ihre Bezüge erst nach vorausgegangener **Anmeldung und Anweisung** ausüben dürften. Dann trat man dem Streben der Forstberechtigten entgegen, ihre Ansprüche immer weiter auszudehnen. Späterhin verursachten die Forstberechtigungen eine so fühlbare Schmälerung der Waldrente und erschienen als ein so bedeutendes Hindernis für die sich entwickelnde Forstwirtschaft, daß man sie nach Quantität und Qualität immer mehr einzuschränken suchte, was bei dem absolutistischen Charakter jener Zeit vielfach nicht ohne Verletzung von wohlerworbenen Privatrechten vor sich ging.

Schon frühzeitig galt die Regel, daß das im Berechtigungswege bezogene Material nur zur Deckung des eigenen Bedarfs verwendet, aber entweder überhaupt nicht oder doch nur mit Genehmigung des Belasteten verkauft werden dürfe. Eine Ausnahme machten nur gewisse gemessene Rechtsbezüge, bei denen schon nach altem Herkommen der Verkauf gestattet war.

Bereits im 16. Jahrhundert hatte man begonnen, Verzeichnisse der vorhandenen Forstberechtigungen aufzustellen.

Ablösungen von Forstberechtigungen fanden in dieser Periode nur in geringem Umfange statt, als Abfindungsmittel diente fast ausschließlich Grund und Boden.

§ 31. Grenzbezeichnung.

Eine erhebliche Verbesserung der Grenzbezeichnung wurde seit dem Anfang des 16. Jahrhunderts dadurch erzielt, daß die Grenzbäume durch Marksteine ersetzt wurden, nur im steinarmen Gebiet des norddeutschen Tieflandes haben sich die Grenzhügel nicht nur während der ganzen in Rede stehenden Periode, sondern, allerdings entsprechend verbessert, sogar bis zur Gegenwart erhalten.

Die Grenzbegänge unter Teilnahme der ganzen Gemeinde dauerten bis zum dreißigjährigen Kriege fort; seit der Mitte des 17. Jahrhunderts aber wurden sie jedoch fast allenthalben nur mehr von den Forstbeamten allein oder diesen und den Justizbeamten gemeinsam vorgenommen. Gewöhnlich wurde die Ausführung dieses Geschäftes protokollarisch konstatiert.

Die schon im Mittelalter üblichen Grenzbeschreibungen wurden während der nächsten Jahrhunderte entsprechend erweitert und verbessert.

Das Recht, die Forstvermarkungen vorzunehmen, bildete ein Zubehör der forstlichen Obrigkeit.

---

2. Kapitel. Waldwirtschaft.

§ 32. Rodungen.

Größere Rodungen, wie sie das Mittelalter kannte, kamen seit dem Anfang des 16. Jahrhunderts im Flachland und den Mittelgebirgen des westlichen Deutschlands nicht mehr vor. Die Zunahme der Bevölkerung veranlaßte zwar auch hier noch ein stellenweise nicht unbedeutendes Zurückdrängen des Waldes, allein das Aussehen des Landes wurde im großen und ganzen hierdurch nicht mehr verändert. Die Forstordnungen enthalten sämtlich Rodungsverbote, welche anfangs vorwiegend durch die Jagdliebe der Fürsten, späterhin hauptsächlich durch die Sorge für die dauernde Befriedigung des Holzbedarfs veranlaßt wurden. Jedenfalls unterstanden die Rodungen einer strengen Beaufsichtigung und erforderten seit dem 17. Jahrhundert meist besondere forstpolizeiliche Genehmigung.

Wesentlich anders lagen die Verhältnisse in den Alpen, sowie in den Gebietsteilen östlich der Elbe. Hier dauerte die Periode der Kolonisation noch bis zum Schluß des 18. Jahrhunderts fort.

In Preußen benutzten die Regenten seit der Mitte des 17. Jahrhunderts jede Gelegenheit, um Ansiedler in die menschenarmen, aber waldreichen Gebietsteile zu ziehen.

Die Thätigkeit des großen Kurfürsten nach Aufhebung des Edikts von Nantes, die Flecken-, Dorf- und Ackerordnung von 1702, vor allem aber die Bemühungen Friedrichs des Großen nach der Erwerbung von Schlesien und der polnischen Gebietsteile, sowie endlich eine letzte große Rodungsepoche in Litauen um die Wende des 18. und 19. Jahrhunderts sind in der Geschichte der Landeskultur rühmlichst hervorzuheben.

In Österreich-Ungarn hat sich auf diesem Gebiete namentlich Maria Theresia große Verdienste erworben.

Neben den erlaubten Rodungen kamen aber fortwährend oft recht beträchtliche Übergriffe von seiten der Angrenzer, sowie unrechtmäßige Rodungen durch die Forstbeamten im Interesse des eigenen Ökonomiebetriebes oder zum Zweck der Verpachtung vor.

Um solche rechtswidrige Handlungen möglichst hintanzuhalten, finden sich seit dem 16. Jahrhundert zahlreiche Verordnungen, welche die Abmarkung, Vermessung und Verzeichnung der vorhandenen Röder anordnen.

Solange die entgültige Abgrenzung zwischen landwirtschaftlich und forstwirtschaftlich zu benutzendem Gelände noch nicht erfolgt war wurden vielfach die vorhandenen holzleeren Stellen in den Waldungen vorübergehend zu Fruchtbau benutzt. In Ostpreußen war die Verpachtung dieser sog. Schäffelplätze vollständig geregelt und bildete eine Haupteinnahme aus den Waldungen.

§ 33. Regelung der Waldbenutzung.

In den Forstordnungen ist eine große Anzahl von Vorschriften über pflegliche Behandlung der Waldungen und Regelung der Waldnutzungen enthalten, welche an die Stelle der entsprechenden Bestimmungen in den Weistümern traten und wie diese einen guten Einblick in die Entwicklung der Forstwirtschaft gewähren.

Sie stellen eine Stufenleiter von rein negativen Verboten bis zu umfassenden Verordnungen über die Waldbehandlung dar, welche das ganze forstliche Wissen ihrer Zeit enthalten.

Ein wesentlicher Teil dieser Bestimmungen beschäftigt sich mit der Ersparung von Holz und Verhütung von Holzverschwendung.

Wie bereits gegen Ende des Mittelalters so waren jetzt Baubesichtigungen zur Überwachung der ordentlichen Unterhaltung der Gebäude und entsprechenden Verwendung des abgegebenen Materials, Prüfung der Bauvoranschläge, Untermauerung der Grundschwelle so ziemlich allgemein angeordnet und wurden nunmehr auch strenger kontrolliert. An verschiedenen Orten suchte man die Errichtung neuer Gebäude möglichst zu beschränken; um Stangen zur Umfriedigung der Anwesen und Grundstücke zu sparen, wurden hierfür Hecken oder Gräben angeordnet.

Seit dem Ende des 17. Jahrhunderts wird mehr und mehr auf die Einführung des Steinbaues und Beseitigung der Schindelbedachung hingewirkt.

Zu Brennholz sollte nur geringwertiges Material verwendet werden. Gemeindebacköfen, bessere Ofenkonstruktion und die Verwendung von fossilen Brennstoffen sollten der nach unserer Anschauung allerdings sehr bedeutenden Verschwendung von Brennholz entgegenwirken.

Besondere Aufmerksamkeit wurde der Schonung und Nachzucht der Eiche zugewendet; wo irgend möglich, sollten statt derselben andere Holzart gebraucht werden.

Zur Schonung der Jungwüchse war das Aushängen grüner Reiser zum Zeichen des Bierausschankes, sowie das Hauen von Maienbäumen und die Verwendung von Schleppbüschen zum Hemmen streng und oft verboten.

Um die Beobachtung der Vorschriften über die Fällung des Holzes besser überwachen zu können, sowie um Unterschleife zu verhüten, wurden die schon im Mittelalter bekannten Waldhämmer in den landesherrlichen Waldungen allgemein eingeführt.

Im 18. Jahrhundert verlangte man sogar mehrfach, daß auch in den Privatwaldungen das zu fällende Holz von den herrschaftlichen Forstbediensteten angewiesen werden müsse.

Die Köhlerei wurde in großem Umfange betrieben und war durch zahlreiche Verordnungen auf das genaueste geregelt. Seit dem 16. Jahrhundert kam statt der ungemein holzverschwendenden Grubenköhlerei (Lichtköhlerei) allmählich die Meilerköhlerei mehr und mehr in Aufnahme. Erstere diente späterhin nur noch zur Verkohlung des schwächeren Materials, welches sich zum Einsetzen in Meiler nicht eignet.

In den entlegendsten Waldteilen bildete die Pottaschenbrennerei eine Hauptnutzung; dieselbe hat an vielen Orten wesentlich zum Ruin der Waldungen beigetragen.

Abgesehen von den Hackwaldungen, wo die Rindengewinnung bereits im frühen Mittelalter betrieben wurde, hat sich ein geordneter Schälwaldbetrieb erst seit der Mitte des 16. Jahrhunderts entwickelt. Aus den vielfachen Verboten ist aber zu schließen, daß auch das unerlaubte Schälen von jungen Stangen in den Hochwaldungen noch immer geübt wurde.

Die Harzgewinnung wurde während dieser Periode in allen größeren Fichtenwaldungen eifrig betrieben. Über ihre Ausübung, die Minimalstärke der zu harzenden Bäume ꝛc. enthalten die Forstordnungen sehr eingehende Bestimmungen. Häufig war das Harzen gewissen Personen in bestimmten Walddistrikten auf längere Zeit, bisweilen sogar erblich, verliehen, worauf die Entstehung vieler Harzscharrgerechtsame zurückzuführen ist.

In den Kiefernwaldungen bildete die Teerschwelerei eine bedeutende Nutzung.

Die Mast lieferte bis in das 18. Jahrhundert hinein noch immer den größten und, neben der Pottaschenbrennerei, vielfach sogar den einzigen Ertrag der ausgedehnten Laubwaldungen, sie war deshalb in den Forstordnungen nicht minder sorgfältig behandelt als in den Weistümern. Neue Gesichtspunkte sind seit dem Ende des Mittelalters bei Ausübung dieser Nutzung nicht mehr zur Geltung gebracht worden. Der Eintrieb der Schweine wurde wegen des zu entrichtenden Mastgeldes öfters als eine Pflicht der Unterthanen betrachtet.

Auch bezüglich der Ausübung der Weide enthalten die Forst=
ordnungen im wesentlichen die gleichen Bestimmungen wie früher die
Weistümer. Die Weide der Schafe und Ziegen war allenthalben
streng verboten.

Mit der Zunahme der Bevölkerung entwickelte sich auch das
Bedürfnis nach Waldstreu in rapider Weise. Noch im 16. Jahr=
hundert suchten die Forstordnungen diese Nutzung nach Möglichkeit
zu verhindern, allein schon im 17. und noch mehr im 18. Jahrhundert
wurde dieselbe als ein unentbehrliches Bedürfnis für die Landwirtschaft
anerkannt, und beschränkte man sich darauf, die Streu durch Verbot
eiserner Rechen, sowie der Entfernung von Anflughorsten, ferner an
einzelnen Orten auch schon durch die Einführung eines bestimmten
Turnus für die Wiederholung, wenigstens in möglichst unschädlicher
Weise gewinnen zu lassen.

Die Waldbienenzucht nahm seit der Entdeckung Amerikas
immer mehr ab, nur im Norden und Osten von Deutschland wurde
derselben noch längere Zeit, teilweise selbst bis zum Schluß des
18. Jahrhunderts größere Aufmerksamkeit gewidmet.

§ 34. Natürliche Verjüngung.

Regelloser Plänterbetrieb und mittelwaldähnliche Formen waren
jene Methoden der Waldwirtschaft, welche das Mittelalter, von ganz ver=
einzelten Ausnahmen abgesehen, allein gekannt hatte und die auch noch
jahrhundertelang nachher im größten Teile der deutschen Waldungen
geübt wurden.

Die Fortschritte der Waldbehandlung begannen zwar schon im
16. Jahrhundert, allein die eigentliche Entwicklung der waldbaulichen
Technik erfolgte doch erst, nachdem der Rückschlag, welchen der dreißig=
jährige Krieg auf die gesamten Kulturverhältnisse ausgeübt hatte, einiger=
maßen überwunden war.

Die bereits im 12. Jahrhundert übliche Maßregel, einzelne
Walddistrikte, in welchen das Altholz ausgenutzt war, in Bann oder
Hege zu legen, findet sich auch im 16. und 17. Jahrhundert als
die am häufigsten angewandte Maßregel, um eine Verjüngung zu
erzielen. Neu sind seit dem 16. Jahrhundert die Bestimmungen, daß

auch der Afterschlag aus den Schlägen entfernt und das Holz rechtzeitig abgefahren werden solle.

Mit dem Steigen des Holzverbrauches erhielten die zur Gewinnung von Handelsmaterial bestimmten Kohlholz- und Floßholzschläge immer größere Ausdehnung; dieselben wurden ebenfalls ursprünglich ohne anderes Prinzip als möglichste Ersparung von Gewinnungs- und Transportkosten ganz regellos an geeigneten Stellen angelegt. Sie waren aber doch keine Kahlschläge in unserem Sinne, da im Urwald die Holzarten selten rein und nur ganz ausnahmsweise auf größeren Flächen gleichalterig vorkommen. Das egoistische Interesse der Waldbesitzer und Holzhändler veranlaßte, daß stets nur die jeweils wertvollsten Holzarten und zwar in jenen Stärkeklassen herausgenommen wurden, welche als Bau- und Schnitthölzer bezw. zum Verkohlen am gesuchtesten waren. Infolgedessen wurden nicht nur einzelne Holzarten überhaupt vom Hiebe verschont, sondern es blieben auch von der Hauptholzart sowohl die jüngsten Altersklassen als auch die kranken, krummen oder sonst zu Nutzzwecken untauglichen Stämme stehen.

Im 16. Jahrhundert wurde nun ziemlich allgemein angeordnet, daß diese Schläge nicht mehr beliebig, sondern in einer ordentlichen Reihenfolge angelegt werden sollten, ebenso mußte fortan auch alles ältere Material, soweit dasselbe nicht zu Samenbäumen bestimmt war, weggenommen werden. Gleichzeitig wurde auch strenge auf Schonung der vorhandenen Jungwuchs- und Stangenhorste gehalten.

Dieses waren die ältesten Vorschriften für Verjüngung der Waldungen im allgemeinen, namentlich aber für jene der Fichten- und Tannenwaldungen, wie sie im Anfang des 16. Jahrhunderts in der Waldordnung des Erzbischofs Lang von Salzburg aus dem Jahre 1524 und anderen süddeutschen Forstordnungen enthalten sind. Dieselben basieren also im wesentlichen auf eine Wiederbesamung durch bald mehr, bald weniger zahlreich übergehaltene Samenbäume.

Da aber in den Fichten- und Tannenwaldungen, welche in der Entwicklung der waldbaulichen Technik wegen des stärkeren Verbrauchs den anderen Holzarten weit voraneilten, diese Samenbäume häufig den Stürmen zum Opfer fielen, so versuchte man schon im 16. Jahrhundert verschiedene andere Methoden. In den Forstordnungen für die Oberpfalz von 1565 und für Bayern von 1568 ist vorgeschrieben, daß im westlichen Teil des Schlages noch eine geschlossene Partie als Windmantel bezw. im Notfall auch zur Besamung übergehalten werden solle. Die Forstordnung für das Fichtelgebirg will das Überhalten von größeren Horsten nach allen vier Himmelsrichtungen durchgeführt und diese Anordnung dann für je fünf Tagwerke wiederholt wissen, wodurch sich eine schachbrettförmige Verteilung der Verjüngungen oder eine Löcherwirtschaft ergab.

Diese etwas komplizierte Form hat sich zwar in Form der sog. Kesselhiebe im Fichtelgebirge bis zum 19. Jahrhundert erhalten, aber sonst wenig Verbreitung gefunden. Dagegen wird das Überhalten von „Schuppen" oder „Riegeln" in verschiedenen deutschen und österreichischen Forstordnungen des 16. und 17. Jahrhunderts erwähnt.

Die Gefahren, welche der natürlichen Verjüngung in den Fichtenbeständen drohen, führten bereits in der ersten Hälfte des 18. Jahrhunderts dazu, daß der Hiebsrichtung mehr Aufmerksamkeit geschenkt wurde. Göchhausen schrieb schon 1710 vor, daß in den Nadelholzbeständen der Anhieb im Osten oder Nordosten zu erfolgen habe, das Gleiche sagte Flemming[1]) 1724, welcher auch den Nutzen der Prone oder des Waldmantels hervorhob.

Unter den verschiedenen Forstordnungen aus der ersten Hälfte des 18. Jahrhunderts, welche diese Gedanken aufnahmen, ist besonders die von Langen[2]) verfaßte Forstordnung für die Stolberg-Wernigerodeschen Forsten von 1745 zu erwähnen, weil dieselbe nicht nur eine korrekte Hiebsrichtung, sondern auch förmliche Hiebszüge, und zwar 10 Ruten breite Jahresschläge vorschreibt, welche von Ost nach West fortgetrieben werden sollten.

---

[1]) von Flemming, Hans Friedrich, Freiherr, geboren in der zweiten Hälfte des 17. Jahrhunderts, Geburtsort unbekannt, kursächsischer Oberforst- und Wildmeister, starb nach 1726 auf seinem Gute Weißach.

[2]) von Langen, Johann Georg, geboren 1699 in Oberstedt, richtete von 1737—1742 die Forstwirtschaft in den Staatswaldungen von Norwegen ein, stand dann in gräfl. Stolberg-Wernigerodeschen Diensten, ging 1763 nach Dänemark und starb dort 1776 in dem Jagdschloß Jägersburg bei Kopenhagen.

Bauholz- und Brennholzwaldungen. 71

Beim Laubholz beschränkte sich die Wirtschaft im 16. und 17. Jahrhundert hauptsächlich auf die Pflege der Ausschlagswaldungen, welche gewöhnlich in sehr kurzen, meist 7—12jährigen Umtrieben, behandelt wurden. Verschiedene Rücksichten veranlaßten dazu, auch hier Überständer zu belassen.

Man fand aber doch schon bald, daß diese wenigen Stämme zur Deckung des Bedarfs an Nutzholz nicht ausreichten und ging deshalb schon seit den letzten Dezennien des 15. Jahrhunderts dazu über, Brennholz- und Bauholzzucht räumlich zu trennen. Erstere wurde in den erwähnten Niederwaldungen, auch Brennholz- oder Laubwaldungen genannt, betrieben, während daneben noch besondere Bauholz- oder Hochwaldungen bestanden, in denen man plänterte, wohin die Schweine zur Mast getrieben wurden und welche man der schon im Mittelalter geübten Methode entsprechend von Zeit zu Zeit in Hege legte. Diese Trennung von Bauholz- und Brennholzwaldungen dauerte bis zur Mitte des 18. Jahrhunderts fort. Wo sie nicht erfolgte, entwickelte sich im Laufe der Zeit meist das traurige Bild verkommener Mittelwaldungen.

Die ersten Nachrichten über geordneten Mittelwaldbetrieb stammen zwar schon aus der Mitte des 16. Jahrhunderts (Gramschatz F.-O. von 1569), allein die vollständige Ausbildung desselben erfolgte doch erst im 16. und 17. Jahrhundert, namentlich ist auch in dieser Beziehung die oben angeführte Forstordnung für die Stolbergschen Forsten von 1745 zu erwähnen.

Da der kurze Umtrieb in den Niederwaldungen nur wenig und schwaches Material lieferte, so war man dazu gedrängt, beim Steigen des Holzbedarfs denselben immer mehr zu erhöhen. Diese Verlängerung der Umtriebszeit ging allmählich immer weiter, bis man um die Mitte des 18. Jahrhunderts zum sog. Stangenholzbetrieb, einem Niederwald mit 50- und teilweise selbst 80jährigem Umtrieb, gelangt war. Praktisch durchgeführt wurde dieser Betrieb wohl selten, wenigstens nicht in größerem Umfang, da gerade damals die Entwicklung einer anderen und ungleich besseren Methode der Bewirtschaftung von Laubwaldungen begann.

Von der Fähigkeit des Laubholzes, sich durch Samenabfall zu verjüngen, machte man, abgesehen von den immerhin verhältnismäßig kleinen Bauholzwaldungen, erheblich später Gebrauch als beim Nadelholz.

Erst zu Anfang des 18. Jahrhunderts, als auch in den entlegeneren Waldungen größere zusammenhängende Bezirke durch die Kohlholzhiebe sowie durch die Ausnutzung des Buchenholzes in der Nähe der triftbaren Wasserläufe stärker durchlichtet wurden und gleichzeitig eine Lockerung des Bodens in diesen Schlägen durch den Schweineeintrieb erfolgte, traten die Erfolge der natürlichen Verjüngung so klar hervor, daß man dieselbe in größerem Maßstab benutzte.

Zuerst geschah dieses wohl in hessen-darmstädtischen Waldungen, wo der Oberforstmeister von Minnigerode[1]) zwischen 1720 und 1730 anordnete, daß alljährlich ein verhältnismäßiger Teil des Waldes von Norden nach Süden fortschreitend in Schlag gestellt werden und alles Material bis zum Stangenholz herab auf einmal entfernt werden sollte, mit Ausnahme einer Anzahl von Klebästen freier Reitel, von denen alle 10 bis 12 Schritte je einer zu belassen sei.

Dieses Verfahren war in den geschützten Lagen von gutem Erfolg begleitet und wurde bald in weiteren Kreisen nachgeahmt.

Da sich jedoch bald zeigte, daß die Buche in den ersten Jahren einigen Schutz gebrauche, so wurde schon nach kurzer Zeit die Lichtung nicht auf einmal, sondern in zwei Schlägen herbeigeführt. Bereits die Hanau-Münzenbergsche Forstordnung von 1736 schreibt drei Hiebsstufen: Samen-, Licht- und Abtriebsschlag vor. Der Lichtschlag sollte geführt werden, wenn der junge Anwuchs „knieshoch" und der Abtriebsschlag dann erfolgen, wenn derselbe „mannslang" geworden wäre.

Dieselben Vorschriften finden sich wörtlich gleichlautend in der Mainzer Forstordnung von 1744.

Als dann Forstmeister von Hanstein um das Jahr 1767 in den Hils-Forsten auch den Vorbereitungshieb zur Anwendung brachte, waren die Grundlagen des Femelschlagbetriebes vorhanden,

---

[1]) von Minnigerode, August Friedrich, Freiherr, geboren 1687 in Sondershausen, gestorben 1747 als hessischer Premierminister zu Darmstadt.

dessen weitere Ausbildung in der zweiten Hälfte des 18. Jahrhunderts erfolgte.

§ 35. Künstliche Verjüngung.

Obwohl die natürliche Verjüngung noch Jahrhunderte hindurch weitaus am meisten verbreitet war, so zeigen doch zahlreiche Urkunden, daß seit dem Beginn des 16. Jahrhunderts auch von der künstlichen Verjüngung schon ein ziemlich ausgedehnter Gebrauch gemacht wurde.

Unter den Laubhölzern war es im wesentlichen nur die Eiche, welche auf diese Weise kultiviert wurde. Ausgehend von dem uralten niedersächsischen Gebrauch, in der Nähe der Höfe und Dörfer Gruppen von Laubholz, namentlich von Eichen, zu pflanzen, fing man um die Mitte des 16. Jahrhunderts an, zunächst die sog. Hutewaldungen auf diese Weise zu verjüngen, ging aber gegen das Ende des 16. Jahrhunderts bereits dazu über, auch die Blößen in den Schlägen und selbst größere Ödflächen durch Pflanzung in Bestand zu bringen.

Anfangs wurden wohl meist nur **Wildlingspflanzen** verwendet, allein man begann doch auch schon frühzeitig, besondere **Pflanzkämpe** anzulegen. Die ältesten Nachrichten über diese stammen aus dem Anfang des 16. Jahrhunderts (Bienwald 1509 und wohl noch früher im Lußhardtwald); um das Jahr 1600 werden die „Telgenkämpe" auch in den Weistümern und Forstordnungen des nordwestlichen Deutschlands vielfach erwähnt.

Für das Einsammeln, Aufbewahren und Aussäen der Eicheln wurden schon gegen Ende des 16. Jahrhunderts (F.-O. Hohenlohe 1579 und Pfalzgrafschaft bei Rhein 1580) sehr gute Anweisungen erteilt.

Zur Kultur verwendete man fast ausschließlich starke **Heisterpflanzen**, welche nicht nur ein sorgfältiges Pflanzen, sondern auch noch eine längere Pflege durch Begießen ꝛc. erforderten.

In den meisten Verordnungen heißt es deshalb auch, daß der Pflanzer einige Jahre für das Gedeihen der von ihm gesetzten Eichen haftbar sei.

Einen besonderen Aufschwung nahm die Technik der Eichenpflanzung seit Beginn des 18. Jahrhunderts. Die preußische Verordnung von 1719 beschreibt eine Pflanzmethode, welche im Prinzip mit der Manteuffel'schen Hügelpflanzung übereinstimmt, und Forstmeister Ahlers in Oldenburg führte um 1776 nach einem ähnlichen Prinzip große Kulturen aus.

Zahlreiche Verordnungen beschäftigten sich seit dem 16. Jahrhundert mit der Sorge für die Deckung des Bedarfs an Eichenholz durch entsprechende Neukulturen. In den Markwaldungen mußte meist jeder Genosse eine bestimmte Anzahl Eichen pflanzen oder es mußten die Holzempfänger für jeden alten Stamm mehrere junge setzen. Ziemlich verbreitet war im 17. und 18. Jahrhundert die Bestimmung, daß bei gewissen Veranlassungen, z. B. bei Hochzeiten, eine Anzahl Eichen gepflanzt werden mußten.

Beim Nadelholz wurde zunächst nur die Saat angewendet und weiter vervollkommnet. Die Forstordnungen aus der Mitte des 16. Jahrhunderts (Oberpfalz 1565, Baiern 1568) lehren das Ausklengen, die Saatzeit und Saatmethode (Einquellen und Vermischen mit Sägespähnen), die Bodenvorbereitung und die Unterbringung des Samens.

Die ältesten Nadelholzkulturen in Norddeutschland waren Kiefernzapfensaaten, welche nach Colerus schon im 16. Jahrhundert in Mecklenburg und Brandenburg üblich waren.

Einen neuen Aufschwung nahm die künstliche Bestandesbegründung in der zweiten Hälfte des 18. Jahrhunderts am Harz. Die Versuche mit Fichtenpflanzung, welche bei Goslar (1670—1680) gemacht wurden, hatten indessen so schlechten Erfolg, daß man davon bald wieder Abstand nahm. Dagegen fing man um 1720 mit Fichtensaaten an (meist Vollsaat, selten Streifensaat), welche gut gediehen und alsdann immer mehr Verbreitung fanden. Um die Mitte des 18. Jahrhunderts wurde die Fichtensaat auch in Thüringen eingeführt, hier wandte der spätere Landjägermeister von Hahn mit gutem Erfolg die streifenweise Saat (12—15 Meter breite Streifen abwechselnd) an.

Auch in der Litteratur wurde im 18. Jahrhundert zuerst durch

Carlowitz[1]) und späterhin namentlich durch Beckmann[2]) die Nadelholzkultur eifrig empfohlen.

Bei dem geringen Ertrag der Waldungen mußte das Streben dahin gehen, alle Kulturen möglichst billig auszuführen. Dieses Ziel suchte man sowohl durch einfache Kulturmethoden, als auch durch weitgehende Inanspruchnahme der Naturaldienste zu erreichen. Die Unterthanen oder die Forstbeamten mußten den Samen liefern, und die Ausführung der Kulturen erfolgte fast ausschließlich durch Fröner.

Die Rücksicht auf Kostenersparnis veranlaßte Langen um 1740, zur Kultur größerer Flächen den Waldfeldbau zu empfehlen.

§ 36. Bestandespflege.

Da der schonungslose Aushieb des Stangenmaterials viel zur Verschlechterung der Waldungen beitrug, so schreibt schon die Forstordnung für Salzburg von 1524 (und wohl ebenfalls die verloren gegangene Forstordnung für Württemberg zwischen 1514 und 1519) vor, daß die Stangen nur da ausgehauen werden dürften, wo das Holz so dick stünde, daß einzelne Individuen ohne Schaden weggenommen werden könnten. Die Forstordnung für Ansbach von 1531 sagt auch bereits, daß durch solche Aushiebe das Wachstum des verbleibenden Bestandes gefördert werde.

Die meisten Forstordnungen des 16. und 17. Jahrhunderts enthalten ähnliche Bestimmungen, nur eine Reihe von thüringischen Forstordnungen aus der Mitte des 17. Jahrhunderts (Weimar 1646, Koburg 1653, Jena 1674) wollen von den Durchforstungen nichts wissen.

In der Praxis ging das Bestreben dahin, eine waldschädliche Durchlöcherung der Stangenorte zu verhindern, erst v. Langen trat um die Mitte des 16. Jahrhunderts als eifriger Förderer der Durchforstungen vom Standpunkte der Bestandespflege ein, während sich

---

[1]) von Carlowitz, Hans Karl, geboren 1645 in Oberrabenstein, gestorben 1714 als Ober-Berghauptmann zu Freiberg.

[2]) Beckmann, Johann Gottlieb, geboren um 1700, gestorben um 1777, Ort der Geburt und des Todes unbekannt, zuletzt gräfl. Einsiedeln'scher Forstinspektor in Wolkenburg (Kursachsen).

die meisten forstlichen Schriftsteller aus der Mitte des 18. Jahrhunderts (Döbel[1]), Beckmann, Heppe) noch ganz ablehnend gegen diese so hochwichtige Maßregel verhalten.

Auch von Reinigungshieben wird bereits im 16. Jahrhundert gesprochen. Eine Urkunde für den Freiburger Stadtwald von 1561 schreibt schon ausdrücklich die Beseitigung des Gestrüppes vor, welches die jungen Pflanzen zu ersticken drohe. Andererseits enthalten einige Forstordnungen (Württemberg 1567, Hohenlohe 1579) mit Rücksicht auf die Waldpflege die Bestimmung, daß zu Bindewieden nur die Weichhölzer in den Schlägen, nicht aber die Kernwüchse der besseren Holzarten verwendet werden dürften.

Im 17. Jahrhundert ist über diesen Gegenstand nichts zu finden, erst eine preußische Verordnung von 1719 spricht wieder von der Entfernung des untüchtigen, ausschlagenden Holzes, welches die Eichenkulturen bedrohe. v. Langen war der erste, welcher 1745 regelmäßige Reinigungshiebe vorschrieb. In der Praxis ist von dem Reinigungshieb damals wohl nur wenig Gebrauch gemacht worden und die forstliche Litteratur (Beckmann, Geutebrück, Oettelt[2]) erwähnt denselben um die Mitte des 18. Jahrhunderts fast noch gar nicht.

§ 37. Betriebsregulierung.

Das einfachste Mittel, eine Ordnung im Forsthaushalt durch Abnutzung jährlich wenigstens annähernd gleicher Massen und Werte herzustellen, bot die Fläche, indem man bestimmte, wie alt das Holz vor dem Abtrieb werden sollte, und dann die gesamte Waldfläche in eine der Zahl der Jahre der Umtriebszeit entsprechende Menge von Jahresschlägen teilte.

Von diesem Verfahren machte man nicht nur schon im Mittelalter (Erfurter Stadtwald), sondern auch noch bis zur Mitte des 18. Jahrhunderts vielfach Gebrauch, bei dem damaligen Stand der

---

[1] Döbel, Heinrich Wilhelm, geboren 1699 im sächsischen Erzgebirge, sächsischer Oberförster zu Reckwitz, gestorben 1760.

[2] Oettelt, Karl Christoph, geboren 1730 in Schleiz, gestorben 1800 als Forstmeister in Ilmenau.

Forstwirtschaft allerdings nur in den kleinen Niederwaldungen mit kurzer, höchstens 30jähriger Umtriebszeit.

Flächengleichheit der einzelnen Jahresschläge war wohl nur selten vorhanden; in der überwiegenden Mehrzahl der Fälle boten die Terrainausformung, die natürlichen Grenzen und die Zusammenlage der Waldungen bisweilen unter Berücksichtigung des gegenwärtigen Holzgehaltes, die am meisten benutzten Anhaltspunkte für die Teilung.

In den Hochwaldungen lag aber ebenfalls an verschiedenen Orten schon frühzeitig das Bedürfnis nach einer Regulierung des Betriebes vor, namentlich da, wo es sich darum handelte, den großen Holzbedarf von Bergwerken, Salinen oder ähnlichen industriellen Anstalten dauernd zu befriedigen. Unter solchen Verhältnissen war eine Flächenteilung undurchführbar, hier benutzte man schon im 16. Jahrhundert die **Masse** als Grundlage.

Es wurde nämlich einerseits untersucht, wie groß der gegenwärtige Vorrat der verschiedenen Waldorte wäre und wie alt sie werden müßten, um eine den lokalen Bedürfnissen entsprechende Stärke zu erreichen; ebenso wurde andererseits die Höhe des jährlichen Holzverbrauchs festgestellt. Hiernach war es möglich, eine gewisse Ordnung in den Betrieb zu bringen und Dispositionen über den Abtrieb der Bestände zu treffen.

In solcher Weise ging man am **Harz** schon im Jahre 1547 und wenige Jahre später auch in den zur Saline Hallstatt gehörigen Waldungen im **Salzkammergut** vor. In der „General=Waldbeschau und =Ordnung" von 1561 wurden hier bereits Altersklassen ausgeschieden (a: gegenwärtig hiebsreif, b: in 50—100 Jahren, c: in 100 bis 200 Jahren hiebsreif).

Aus dem 17. Jahrhundert sind nur sehr spärliche Nachrichten über eine derartige Forsteinrichtung vorhanden, dagegen wurde dieses Verfahren in der ersten Hälfte des 18. Jahrhunderts wieder häufig angewendet (Solms=Laubach 1739, Göttinger Stadtwald 1741). Ein Fortschritt gegen früher zeigte sich nunmehr hauptsächlich darin, daß die Waldteile, auf welche sich die Massenschätzung bezog, immer mehr verkleinert wurden und daß dieselben auch speziell angeführt werden.

Gewöhnlich haben derartige Operate die Form einer kurzen Be=

schreibung, in welcher bei den einzelnen Forstorten hauptsächlich die beiden Momente: Vorrat und Ertrag besonders hervorgehoben wurden.

Eine Verteilung der Bestände auf verschiedene Perioden fand jedoch vor der Mitte des 18. Jahrhunderts noch nicht statt. Die Betriebsdispositionen für den nächsten Zeitabschnitt oder für die einzelnen Jahre mußten im Anhalt an diese Betriebsregulierungswerke erst von den Beamten festgestellt werden. In ähnlicher Weise wurden auch in Waldungen, wo keine solche Forstbeschreibungen vorlagen, periodische Bestimmungen über den Gang der Wirtschaft getroffen. So fanden in den gothaischen Domanialforsten bis 1752 unter der Bezeichnung "Waldunterredungspunkte" vor dem Forstmeister gemeinschaftlich alle 10 Jahre protokollarische Verhandlungen statt, welche örtlich den Gang der Wirtschaft bezeichneten.

Seit dem 16. Jahrhundert wird öfters die Bildung von Reserven durch Zurückstellung von Beständen für Krieg, Brand und andere Notfälle angeordnet.

§ 38. Holzhauerei und Holztransport.

Wie auf dem Gebiete des Waldbaues so hat das 16. Jahrhundert auch auf jenem der Forstbenutzung verschiedene sehr beachtenswerte Fortschritte zu verzeichnen.

Schon frühzeitig (Ansbach 1531) erschienen Bestimmungen gegen eine zu beträchtliche Höhe der Stöcke. Das sog. Abschroten oder Abtrummen der Stämme, d. h. die Bearbeitung in der Querrichtung mittels der Axt statt mit der Säge wurde ebenfalls schon um die Mitte des 16. Jahrhunderts untersagt (Braunschweig-Lüneburg 1547), blieb aber dennoch bis weit in das 18. Jahrhundert herein allgemein in Übung.

Die Stockrodung begann erst im 18. Jahrhundert.

Die Ausbildung der verschiedenen Holzsortimente gehört ebenfalls der Zeit seit Beginn des 16. Jahrhunderts an.

So kannte man im Schwarzwald 1342 nur Zimmerholz und Dielen, die württembergische Floßordnung von 1588 zählt dagegen bereits 8 Rundholzsortimente auf, bis 1766 hatten sich dieselben auf das Doppelte vermehrt.

Beim **Brennholz** bezeichnete man alles Material, welches mehr als 2—3" oder „baumendick" war, als „Klafterholz" oder Scheitholz, während der Rest meist als Afterschlag liegen blieb, in einigen Gegenden aber schon ziemlich frühzeitig (in Sachsen 1560) in Wellen aufgearbeitet wurde. Die Trennung des Derbholzes in „Scheit" und „Prügel" durch Aufspalten der stärkeren Stücke begann erst im 18. Jahrhundert, aber es dauerte längere Zeit bis diese beiden Sortimente getrennt aufgeschichtet wurden.

Im Nordosten von Deutschland wurde noch um die Mitte des 16. Jahrhunderts das Brennholz nicht in Raummaßen aufgesetzt, sondern nach Haufen oder Fudern verkauft.

Im 17. und 18. Jahrhundert erschienen zahlreiche Bestimmungen über Scheitlänge und Dimension der Klaftermaße.

So ziemlich alle Forstordnungen beschäftigen sich mit der **Fällungszeit** und dem Einfluß des **Mondes** auf diese bezw. auf die Dauer des Holzes. Die richtige Fällungszeit wird gewöhnlich als Wadel, Wedel oder Wädel bezeichnet. Dieses Wort bedeutet eigentlich das „Wedelnde", „Hin- und Herbewegte" und ist dann auf den Mondwechsel übertragen. Bei abnehmendem Mond sollten jene Geschäfte verrichtet werden, welche eine Trennung oder Auflösung beabsichtigen, also u. a. auch die Fällung von Bauholz; im zunehmenden Mond dagegen jene, welche auf ein Wachsen oder Gedeihen gerichtet waren, deshalb sollten die Hiebe im Niederwald, wo es auf ein Wiederausschlagen ankam, im Neumond geführt werden.

Die Aufarbeitung des Holzes war ursprünglich Sache des Empfängers, allein sowohl mit Rücksicht auf einen ordentlichen Fällungsbetrieb als auch zur Vermeidung von Unterschleifen begannen die Waldbesitzer seit der Mitte des 16. Jahrhunderts eigene **Holzhauer** aufzustellen. Am frühesten mußte man hierzu in den menschenarmen Waldgebieten greifen, von wo aus das Holz erst noch einen längeren Transport bis zum Konsumtionsort durchzumachen hat, sowie in solchen Örtlichkeiten, welche noch besondere Fertigkeit für Anlage von Riesen, Klausen und sonstigen Bringungsanstalten, sowie für die Benutzung derselben erfordern.

In diesen Gegenden hatten deshalb die Holzhauer auch meist eine genossenschaftliche Organisation, welche bald enger (Unternehmermannschaften), bald loser war. In den entlegensten Gegenden wurden häufig förmliche Kolonien von Holzhauerfamilien angesiedelt (Schwarzwald, Wiener Wald, Karpathen, Westpreußen).

Während des 18. Jahrhunderts bestand unter den Holzhauern eine viel weitgehendere Arbeitsteilung als heutzutage; im 18. Jahrhundert unterschied man z. B. am Harz, ähnlich auch in Württemberg: Nutzholzhauer, Bauholz- oder Blochhauer, Feuer- oder Brennholzhauer, Waasen- oder Wellenbinder und Stuckenroder oder Stockholzschläger.

Am Harz wurde schon 1718 die erste Holzhauerunterstützungskasse nach dem Muster der dortigen Knappschaftskassen eingerichtet.

§ 39. Holzverwertung.

Um das Jahr 1500 war zwar im größten Teile von Deutschland der Verkauf von Holz gegen Geld üblich, allein die Verwertungsform unterschied sich noch längere Zeit von der modernen dadurch, daß die Nutzholzstämme zwar meist einzeln aber stehend, das Brennholz dagegen gewöhnlich flächenweise oder doch nach Fuhren und Haufen verkauft wurden.

Eine Ausnahme machte Sachsen, wo das Brennholz schon 1560 klafterweise verwertet wurde.

Die Nutzholzstämme wurden in dieser Periode noch vielfach lediglich der Zahl nach verkauft, während die Auswahl dem Käufer freistand, erst allmählich ging man dazu über, daß entweder bestimmte Stämme an Ort und Stelle verkauft wurden oder, daß die Auswahl der Stämme durch das Forstpersonal erfolgte.

In Norddeutschland hat sich die alte Form der generellen Verwertung des Brennholzes als sog. Heidemiete lang erhalten, indem hier für die Erlaubnis, ein Jahr lang mit einem bestimmten Gespann (2 oder 4 Pferden) liegendes oder dürres Holz zu holen, eine bestimmte Quantität Hafer geliefert werden mußte, an dessen Stelle 1720 eine ebenfalls summarische Geldabgabe trat.

Auf den fürstlich Schwarzenberg'schen Besitzungen in Böhmen bezahlten noch 1753 die Glashütten jährlich 10—30 fl. „Brandgeld", wofür sie ohne weitere Beschränkung ihren Holzbedarf aus den umliegenden Waldungen decken durften.

Der Verkauf erfolgte gewöhnlich gegen Taxen, welche vom Waldeigentümer festgesetzt und meist nur in längeren Zeiträumen abgeändert wurden.

Als die ältere Form des Holzverkaufes, je nach dem Auftreten eines Bedürfnisses, späterhin nicht mehr beibehalten werden konnte, wurden für den Verkauf jährlich einige Termine, sog. Holzschreibtage, Holzmärkte ꝛc., eingeführt, bei welchen jeder seinen Holzbedarf anzumelden hatte und wobei auch noch andere forstliche Geschäfte erledigt wurden.

Im 18. Jahrhundert trat allmählich neben der Taxverwertung auch der meistbietende Verkauf auf; derselbe wird zuerst in einer preußischen Verordnung von 1713 erwähnt.

Während Holz- und Mastgenuß schon relativ frühzeitig gegen Geld verkauft wurden, blieb für eine Reihe anderer Forstnutzungen, z. B. Pottaschesiederei, Harznutzung, Zeidelweide, die Ablieferung eines bestimmten Teiles der gewonnenen Produkte noch lange in Übung.

3. Kapitel. Forstpolitik, Forstverwaltung und Forststrafwesen.

§ 40. Forsthoheit.

Bereits gegen Ende des Mittelalters ist von den Landesherren ein bisweilen ziemlich weitgehender Einfluß auf die Forstwirtschaft ausgeübt worden, welcher sich im Laufe der nächsten Jahrhunderte noch ganz erheblich verschärft hat.

Hierbei haben namentlich folgende Ursachen mitgewirkt: die vollkommene Ausbildung der Landeshoheit und die aus letzterer abgeleitete Polizeigewalt, ferner der Einfluß, welchen die Landesherren teils als Grundherren, teils als Schirmvögte schon seit langer Zeit auf die Markwaldungen, sowie auf die aus Teilung derselben hervorgegangenen Privatwaldungen ausübten; im 17. und noch mehr im 18. Jahrhundert machte sich außerdem die merkantilistische Richtung der Wirtschaftspolitik und der Absolutismus der Regierung auch auf diesem Gebiete geltend.

Die Juristen haben durch Formulierung der fürstlichen Ansprüche und eine oft ziemlich rabulistische Begründung derselben wesentlich zur Ausbildung der Forsthoheit beigetragen.

Diese bald mehr, bald minder scharfe Beaufsichtigung der Forstwirtschaft war aber infolge der Verhältnisse, namentlich wegen des Mangels an Interesse für die Waldungen beim Verfall der Markgenossenschaften, sowie bei den fortwährend steigenden Ansprüchen an die Waldungen und der ungenügenden forstlichen Technik wenigstens bis zu einem gewissen Grad dringend geboten.

Die Entwicklung der Forsthoheit stand in engem Zusammenhange mit der ganzen wirtschaftlichen Lage und der jeweiligen Kulturstufe. Je dichter bevölkert und je größer der Bedarf an Forstprodukten, desto schärfer war auch jeweils die Forsthoheit ausgeprägt. Der Westen und Südwesten von Deutschland hatte auf diesem Gebiete ebenfalls stets einen bedeutenden Vorsprung vor dem Norden und Osten.

Um die Mitte des 18. Jahrhunderts stand die polizeiliche Bevormundung der Forstwirtschaft in ihrer vollsten Blüte, in der zweiten Hälfte des 18. Jahrhunderts machte sich schon hie und da wieder ein freiheitlicherer Zug geltend.

Die Forsthoheit oder „forstliche Obrigkeit" gehörte zu den (höheren) Regalien, welche sowohl den Wildbann als das Forstrecht (Forsthoheit im engeren Sinne) umfaßte. Letzteres wurde selbst wieder in ein höheres und ein niederes geteilt. Das höhere Forstrecht konnte nur vom Landesherrn selbst geübt werden und schloß namentlich die landespolizeiliche Überwachung der gesamten Forstwirtschaft, sowie die Befugnis zum Erlaß von Forstordnungen in sich; zum niederen Forstrecht gehörte die Berechtigung zur Aufsicht über forstmäßige Waldbenutzung nach Maßgabe der Forstordnungen, sowie die Forstgerichtsbarkeit, und konnte dasselbe auch landsässigen Adeligen, Prälaten und Landstädten zustehen.

Die auf Grund der Forsthoheit erlassenen Anordnungen galten, soweit nichts anderes bemerkt ist, für sämtliche Waldungen ohne Rücksicht auf den Besitzstand. Sie finden sich in Landtagsabschieden und Landesordnungen, Polizeiordnungen, Spezialmandaten und namentlich in den zahlreichen Forstordnungen.

§ 41. Forstpolitik.

Die Forsthoheitsordnungen erstrecken sich auf das gesamte Gebiet der Forstwirtschaft im weitesten Umfange.

Eine erste Gruppe der darin enthaltenen Bestimmungen bezweckt die Erhaltung der Forsten und die Verbesserung des Wald= zustandes. Dieselben sind bei Darstellung der wirtschaftlichen Verhältnisse im 2. Kapitel dieses Abschnittes als wichtigste Quelle benutzt worden.

An diese Verordnungen von vorwiegend forstwirtschaftlicher Natur schließen sich jene an, welche sich mit der Sorge für die nachhaltige Versorgung mit Holz zu mäßigen Preisen beschäftigen.

Hierher gehören zunächst die bereits erwähnten Vorschriften über Beseitigung der Holzverschwendung. Da aber die Holzpreise trotzdem, besonders seit dem Ende des 17. Jahrhunderts, fortwährend in die Höhe gingen, so griff man noch zu anderen Mitteln, um dieselben künstlich niedrig zu halten. Schon im 16. Jahrhundert machte man von dem System der obrigkeitlichen Taxen auch beim Holzhandel Gebrauch; sehr beliebt waren ferner die Beschränkungen des Holz= handels durch Ausfuhrverbote; in fast allen größeren Städten wurden Holzmagazine angelegt, aus denen der Verkauf an die Bürger zu mäßigen Preisen erfolgte. Friedrich der Große glaubte, durch Monopolisierung des Holzhandels dem vermeintlichen Übel der steigenden Holzpreise abhelfen zu können. Zur Versorgung von Berlin wurde 1766 der Handel mit Brennholz monopolisiert und an eine Gesellschaft für königliche Rechnung verpachtet; für die Regelung des Absatzes von Nutzholz aus der Kurmark war 1765 eine Nutzholzhandelsgesellschaft errichtet worden. Da beide Gesell= schaften den gehegten Erwartungen nicht entsprachen, so übernahm der Staat schon 1771 die Aktien der Nutzholzhandelsgesellschaft, und 1785 wurde statt der Brennholzkompanie eine königliche Brennholz= administration eingerichtet; allein auch diese Maßregel hatte nur schlechte Erfolge zu verzeichnen.

Eine dritte Kategorie von Forsthoheitsbestimmungen beschäftigt sich mit der Aufsicht über die Privat- und Gemeindewaldungen. Was die Privatwaldungen betrifft, so unterlagen dieselben während des 16. Jahrhunderts nur bezüglich der Rodungsbefugnis einer strengen Beaufsichtigung.

Eine weitergehende Beschränkung der Wirtschaft in den Privatwaldungen fand nur dann statt, wenn dieselben zu einem landesherrlichen Wildbannbezirk gehörten oder in der Nähe von Bergwerken lagen. Seit dem 17. Jahrhundert entwickelte sich aber, wenigstens im südlichen und westlichen Deutschland ziemlich allgemein, eine bisweilen sehr tief eingreifende Bevormundung ihrer Bewirtschaftung. So wurde häufig verlangt, daß auch in den Privatforsten kein Stamm ohne vorherige Anweisung durch die landesherrlichen Forstbediensteten gefällt oder kein Holz ohne Erlaubnis des Amtmannes verkauft werden durfte. In Preußen schrieb erst die Forstordnung von 1720 vor, daß Vasallen und Unterthanen ihre Waldungen nicht unpfleglich behandeln sollten.

Übrigens unterlagen doch nur die bäuerlichen Forsten den erwähnten Beschränkungen, die adeligen Waldbesitzer hatten sich von denselben meist ziemlich frei zu erhalten gewußt.

Ungleich schärfer als die Privatwaldungen wurden so ziemlich allenthalben die Mark- und Gemeindewaldungen beaufsichtigt. Hier hatten die Landesherren schon seit Jahrhunderten als Obermärker einen sich immer mehr verschärfenden Einfluß auf die Wirtschaft geübt, welcher auch nach dem Zurücktreten dieser Eigenschaft nicht nur fortdauerte, sondern an Stärke noch vielfach zunahm. Infolgedessen unterliegt auch heute noch die Gemeindeforstwirtschaft in allen jenen Landesteilen, in welchen die Markgenossenschaften heimisch waren, einer weitgehenden Staatsaufsicht.

Im 17. und 18. Jahrhundert wurde so ziemlich allenthalben bestimmt, daß die Gemeinden entweder eigene Forstbeamten aufstellen sollten oder daß die landesherrlichen Beamten die Wirtschaft zu führen hätten, während die Ernennung der Schutzbeamten meist den Gemeinden überlassen blieb. Hieraus entwickelte sich in einigen Staaten das Prinzip der vollen Beförsterung, welches zuerst in der hessenkasselischen Verordnung von 1711 klar ausgesprochen ist. In Preußen versuchte man erst in der zweiten Hälfte des 18. Jahrhunderts die Gemeindeforstwirtschaft einer strengeren Beaufsichtigung zu unterwerfen, allein die Ausführung der betreffenden Verordnungen scheiterte an dem Mangel verfügbarer Mittel.

Besser als die ländlichen Gemeinden waren die Städte hinsichtlich der Selbständigkeit ihrer Forstwirtschaft gestellt, und zwar gilt dieses sowohl für die landesherrlichen als auch für die Reichsstädte. Letztere unterstanden mit ihrer ganzen Administration ohnehin nur der nicht schwer drückenden Aufsicht der Reichsbehörden.

Sehr gute Vorschriften enthält die preußische Städteforstordnung von 1749, welche ihrem wesentlichen Inhalte nach auch in die schlesische Forstordnung vom Jahre 1750 übergegangen sind. Jedem Kammerdepartement war hiernach ein besonderer Städteforstmeister zur Beaufsichtigung der städtischen Forstwirtschaft beigegeben. Infolge der kriegerischen Verhältnisse sind diese Bestimmungen erst nach dem Frieden von Hubertusburg ins Leben getreten. Obwohl die Stellen der Städteforstmeister nur mit invaliden Offizieren besetzt wurden, so hat die Städteforstordnung im großen und ganzen einen recht guten Einfluß auf die Besserung der forstlichen Verhältnisse in diesen Waldungen geübt.

§ 42. Forstverwaltung.

In den landesherrlichen Waldungen war die Organisation der Forstverwaltung im 16. Jahrhundert noch sehr einfach. Die Administration der Forsten gehörte zur Domänenverwaltung, und der wichtigste Geschäftsteil des forstlichen Betriebes jener Zeit, die Verwertung der Forstnutzungen war entweder Sache der Amtleute, Güterverwalter ꝛc. oder unterstand doch ihrer speziellen Beaufsichtigung.

Für den Forstschutz und die Abgabe der Forstnutzungen waren Forstläufer, Heideläufer, Forstknechte ꝛc. vorhanden.

In den größeren Forstverwaltungen läßt sich indessen schon im 16. Jahrhundert eine zwischen den Amtleuten und den reinen Schutzbeamten stehende Kategorie von Forstbeamten nachweisen, welche: Oberförster, Heidereiter, Forstmeister ꝛc. genannt werden und etwa unseren Revierförstern entsprachen.

Da die Forstbeamten ihrer großen Mehrzahl nach des Schreibens unkundig waren, so waren meist noch besondere Forstschreiber aufgestellt, welche die Verkaufslisten zu führen, die Materialabgaben zu kontrollieren und die Kassengeschäfte zu besorgen hatten.

Der Inspektionsdienst fand in Form von sog. Waldbereitungen statt, wobei die Amtleute und oberen Forstbeamten unter Zuziehung der Lokalbeamten eine Besichtigung des Waldzustandes vornahmen und die nötigen Anordnungen trafen. Da diese Waldbereitungen wegen des großen Apparates, den sie erforderten, sehr umständlich und kostspielig waren, so wurden sie meist nur in längeren Zwischenräumen vorgenommen, z. B. in den gothaischen Domanialforsten seit 1540 alle zehn Jahre.

Am besten und frühesten war die Verwaltung der zu den Bergwerken gehörigen Forsten organisiert; so hatte man am Harz schon in der Mitte des 16. Jahrhunderts eine ganz mustergiltig eingerichtete Verwaltung.

Das Forstpersonal mußte sich wie bereits im Mittelalter am Jagdschutz beteiligen und nach Bedarf bei der Jagdausübung Hilfe leisten, während der eigentliche Jagdbetrieb Sache der vom Forstbetrieb getrennten Jägerei blieb.

Seit dem Ende des 16. Jahrhunderts begannen allmählich statt und neben den Amtleuten bezw. den Kammern die Chefs der Jägerei auch die Leitung der Forstverwaltung zu übernehmen. Gleichzeitig wurde das niedere Jagdpersonal angewiesen, der Aufrechthaltung der Forstordnung ebenfalls ein Augenmerk zuzuwenden.

Auf diese Weise verschmolzen im 17. Jahrhundert Forst- und Jagdverwaltung miteinander, nur in den untersten Stellen blieb die Trennung noch lange fortbestehen, indem der Forst- und Jagdschutz eigenen Beamten übertragen war, während für einzelne Jagdarten an den Höfen ein besonderes Personal bis zum 19. Jahrhundert fortbestand.

Seit Anfang des 18. Jahrhunderts ging die Oberleitung des gesamten Finanzdienstes und der Wirtschaftspolitik, sowie hiermit auch jene des Forstwesens allmählich an die sog. Kameralisten über.

In Preußen wurde 1740 durch Friedrich d. Gr. aus militärischen Gründen, um gute Führer in den waldreichen Gegenden Schlesiens, sowie zuverlässige und gewandte Leute für den Depeschendienst zu haben, eine engere Verbindung des Forstpersonals mit dem Militär angebahnt. 1740 wurde zunächst aus den Söhnen von Förstern und aus gelernten Jägern eine Abteilung Fußjäger gebildet und bald darauf auch das reitende Feldjägerkorps errichtet. Nach beendigtem Militärdienst wurden die Angehörigen beider Abteilungen im Forstdienst angestellt und sollten die reitenden Feldjäger vorwiegend (späterhin ausschließlich) zu Verwaltungsstellen Verwendung finden.

Es dauerte lange Zeit, bis sich aus diesen verschiedenartigen Elementen eine Verwaltung entwickelte, welche die Pflege des Waldes als ihre höchste Aufgabe betrachtete. Ganz besonders nachteilig hat sich in dieser Beziehung die Verbindung des Forstwesens mit dem Jagdbetrieb erwiesen.

In den Besoldungsverhältnissen des Forstpersonals ist bis zur Mitte des 18. Jahrhunderts eine erhebliche Änderung nicht eingetreten. Wie schon gegen Ende des Mittelalters bestand auch in den folgenden drei Jahrhunderten die Besoldung nur zum kleinsten Teile in Geldbezügen aus der Kasse des Waldbesitzers, sondern hauptsächlich in Naturalgenüssen (Wohnung, Dienstland, Weide, Holz) und in den sog. Accidentien, d. h. jenen Einnahmen, welche die Beamten vom Publikum in Form von Anweisgeldern, Pfandgebühren und Strafanteilen, sowie endlich durch Verwertung einzelner ihnen überlassener Materialanfälle, z. B. Windbruch und Afterschlag, erzielten.

Sowohl das Besoldungssystem selbst als auch die Geringfügigkeit der Bezüge war die Hauptquelle der Unredlichkeit, welche dem Forstpersonal jener Zeit so häufig und wohl meist nicht mit Unrecht vorgeworfen wurde. Eine forstliche Vorbildung war bis zur Mitte des 18. Jahrhunderts überhaupt nicht gefordert, im günstigsten Falle hatten die Beamten als Jäger gelernt, wenn sie nicht die Stellen im Forstdienst als Belohnung der Dienste erhielten, welche sie als Büchsenspanner, Kutscher, Kammerdiener ꝛc. geleistet hatten. Ihre Unwissenheit über forstliche Verhältnisse war daher häufig geradezu erschreckend.

Alle diese Momente bewirkten, daß das Forstpersonal jener Zeit eine ungemein niedrige soziale Stellung einnahm, in manchen Gegenden wurde dasselbe sogar zu den „unehrlichen" Leuten gerechnet.

In den Mark= und Gemeindewaldungen blieb die alte Einrichtung, daß Verwaltung und Schutz durch genossenschaftliche bezw. Gemeindebeamte besorgt wurden, bestehen, soweit nicht die Landesherren Verwaltung und Schutz, bisweilen auch nur erstere allein, ihren Beamten übertrugen.

§ 43. Forststrafwesen.

Mit dem Anfang des 16. Jahrhunderts begann auf dem Gebiete des Forststrafwesens eine Umwälzung, welche sich jedoch hauptsächlich auf den formellen Teil, weniger auf den materiellen Inhalt, erstreckte.

Die Prinzipien des Forststrafrechtes, welche sich seit dem frühen Mittelalter entwickelt hatten, blieben auch fortan in Kraft. Dieselben wurden in der peinlichen Halsgerichtsordnung Kaiser Karls V. im Jahre 1532 kodifiziert, indem dieselbe bestimmte, daß die Entwendung von aufgearbeitetem Holz als Diebstahl zu bestrafen sei, während im übrigen das Forststrafrecht der partikularen Rechtsbildung überlassen wurde, wobei nur der allgemeine Grundsatz festgehalten werden sollte, daß Frevel, welche zur Nachtzeit oder an Sonn= und Feiertagen begangen würden, besonders streng zu bestrafen seien.

Wenn aber auch das Forststrafrecht aus dem Gebiete der Reichsgesetzgebung ausgeschlossen blieb, so wurde doch seit dem 16. Jahrhundert wenigstens eine Einheitlichkeit innerhalb der einzelnen Territorien angebahnt. In dem Maße als die Markgenossenschaften verfielen, griffen die Landesherren schärfer ein und veranlaßten, daß in den Weistümern die Strafbestimmungen der Forstordnungen aufgenommen wurden. Gegen das Ende des 17. Jahrhunderts erlangten die Forststrafbestimmungen der Landesherren, welche ursprünglich nur für deren eigene Waldungen oder, soweit keine anderen Bestimmungen bestanden, erlassen waren, für das ganze Landesgebiet oder doch wenigstens für einzelne Provinzen Geltung.

Die Ausmessung der Strafen erfolgte im 16. Jahrhundert noch nach sehr verschiedenen Grundsätzen. Meist waren nur wenig spezialisierte Bestimmungen getroffen, und blieb die Hauptsache dem Ermessen des Richters vorbehalten, ein Verhältnis, welches in einzelnen Gegenden bis weit in das 18. Jahrhundert hinein fortdauerte. In den meisten Staaten wurde jedoch schon im 17. Jahrhundert das System des Forststrafrechtes besser ausgebildet, indem sehr eingehende Bestimmungen, die sog. **Straftarife oder Bußordnungen** erschienen, welche ganz detailliert für jeden Frevel die entsprechende Strafe festsetzten.

Als Strafmittel diente auch jetzt noch in erster Linie meist Geld; selten war für gewöhnliche Forstfrevel sofort Freiheitsstrafe angedroht; nur Brandstiftung im Walde wurde sehr streng, häufig mit dem Tode bestraft.

Im 17. Jahrhundert (Reuß-Plauen 1638) begann das System der Umwandlung der Geldstrafen für den Fall der Uneinbringlichkeit in eine andere Strafart, gewöhnlich Gefängnis und seit dem 18. Jahrhundert (Weimar schon 1646, genauer erst in der F.-O. für Ostpreußen 1739) auch in Strafarbeit.

Die rheingauische Waldordnung von 1737 kennt bereits die Zivilverantwortlichkeit der Herrschaft für die Forstfrevel ihrer Dienstboten.

Neben der Strafe mußte auch noch Werts- und Schadenersatz nach verschiedenen Normen geleistet werden, außerdem erhielt der Anzeiger eine Pfandgebühr oder einen Anteil an der Geldstrafe.

Der Gerichtsstand in Forststrafsachen war ein sehr verschiedener. In den Markwaldungen war das Forststrafgericht jene Aufgabe, welche den Märkerversammlungen, allerdings unter weitgehender Mitwirkung der herrschaftlichen Beamten, am längsten verblieben ist; in in den übrigen Waldungen stand die Forstgerichtsbarkeit gewöhnlich dem Grundherrn zu.

In den herrschaftlichen Waldungen wurde die Gerichtsbarkeit ursprünglich von den Forstbeamten allein geübt; späterhin kamen meist die Amtleute und Patrimonialrichter hinzu.

Die Sitzungen der Forststrafgerichte (Pfandtage) fanden jährlich 2—4 mal statt und waren häufig mit den Holzschreibtagen (s. o. S. 81) verbunden. Der Beweis wurde gewöhnlich durch Pfänder geliefert, welche den Frevlern abgenommen worden waren und im Termin eingelöst werden konnten. Da aber die Pfändung vielfache Mißstände im Gefolge hatte, so wurde im Laufe der Zeit auch die pflichtgemäße Anzeige der Forstbeamten immer allgemeiner als Beweis zugelassen.

Die Führung von Rügeregistern war teilweise schon im 16. Jahrhundert üblich, im 18. Jahrhundert wurden dieselben allgemein eingeführt.

---

4. Kapitel. Forstwissenschaft.

§ 44. Die Anfänge der forstlichen Litteratur.

Die forstliche Litteratur des 16. Jahrhunderts beginnt mit einem 1554 erschienenen Werk: Praedium rusticum des französischen Buchdruckers Charles Estienne, welches schon 1566 in französischer Bearbeitung als: L'agriculture et Maison rustique herausgegeben wurde. Estienne's Schwiegersohn Jacques Liébault besorgte 1566 eine neue Ausgabe, in welcher die den Ackerbau und die Jagd behandelnden Teile umfassende Erweiterungen erfahren haben. Obwohl das Werk in dieser neuen Gestalt fast lediglich eine Compilation aus Petrus de Crescentiis und einem französischen Jagdwerk des Jacques du Fouilloux darstellt, so genoß dasselbe doch ganz ungemeines Ansehen und erlebte bis 1702 nicht weniger als 98 fast vollständige unveränderte französische Ausgaben.

Im Jahre 1579 veröffentlichte Melchior Sebizius, Arzt in Straßburg, eine deutsche Übersetzung dieses Buches, deren dritte, 1588 erschienene, Auflage um Fichart's Feldbaurecht erweitert wurde; der vierten Auflage von 1592 ist auch noch die Gartenkunst des kurpfälzischen Leibarztes Marius beigegeben worden.

In diesem Werk werden von forstlichen Dingen Waldbau (sehr dürftig) und Waldvermessung (gut) gelehrt, sowie über die in der zweiten Hälfte des 16. Jahrhunderts schon ziemlich bekannte Durchforstung und Anlage von Pflanzgärten manches Richtige und Brauchbare gesagt. Im Wesentlichen trägt dieses Buch aber ebenso wie jenes des Petrus de Crescentiis den Charakter des praktisch hilflosen Scholastizismus.

In der zweiten Hälfte des 16. Jahrhunderts erschien das auch in forstwirtschaftlicher Beziehung sehr beachtenswerte „Jag- und Forstrecht" des Noë Meurer, kurfürstlich pfalzbayerischer Rat.[1]) Von der dritten Auflage ab ist diesem Buch ein Abschnitt (von allerley nuetzlichen Anstellungen des Waldes und Hölzer, wie dieselben zu hägen, aufzubringen und zu gebrauchen) beigegeben, dessen Inhalt mit verschiedenen süddeutschen Forstordnungen aus der Mitte des 16. Jahrhunderts so auffallend übereinstimmt, daß die Vermutung nahe liegt, Meurer habe dieselben nicht nur benutzt, sondern sei auch beim Erlaß wenigstens einiger derselben beteiligt gewesen.

Während des 17. Jahrhunderts fand die Forstwirtschaft ihre litterarische Behandlung in den sog. Hausvätern, jenen mächtigen Folianten, welche oft in vielen Bänden nicht nur die Landwirtschaft nach allen ihren Beziehungen, sondern neben verschiedenen anderen Dingen, wie Astrologie, auch den Waldbau behandelten.

In forstlicher Beziehung ist Colerus[2]) der bedeutendste unter ihnen; seine 1595—1602 erschienene Oeconomia ruralis bringt eine ziemlich gute Schilderung seiner Beobachtungen und ist unter Benutzung verschiedener Forstordnungen, namentlich der braunschweig-lüneburgischen von 1547, verfaßt. Colerus war der scholastischen Richtung eines P. de Crescentiis und Estienne gegenüber dadurch besonders epochemachend, daß er auf Naturbeobachtung und eigene Erfahrungen verwies.

Zu der Hausväterlitteratur gehören u. A.: Boecler, Haus- und Feldschule, 1666; Herrmann, schlechtes und gerechtes Haushaltungsbuch, 1674; Hohberg, Georgica curiosa, 1687; Francisci Philippi Florini, Oeconomus prudens et legalis, 1702.

Unter der forstlichen Litteratur des 17. Jahrhunderts ist ferner noch das 1676 (2. Aufl. 1702) erschienene Corpus juris Venatorio-forestalis des Ahasver Fritsch zu nennen, welches nicht nur die beste Sammlung von älteren Forstordnungen, sondern auch eine

---

[1]) 1. Aufl. 1560, 2. Aufl. 1561, 3. Aufl. 1563.
[2]) Colerus, Johann, mag., lebte vom Ende des 16. Jahrhunderts bis 1639 zuerst als Magister in Rostock, später als Prediger in der Mark Brandenburg und zuletzt in Parchim (Mecklenburg).

größere Anzahl von Abhandlungen forst= und jagdrechtlichen Inhaltes enthält.

Das erste selbstständige Werk über Forstwirtschaft ist die 1713 erschienene Sylvicultura oeconomica des kurfürstlich sächsischen Kammerrates und Oberberghauptmanns von Carlowitz. Die Veranlassung zu demselben war das Interesse des Verfassers an der Erhaltung der Wälder im Interesse des Bergbaues. Er bespricht u. a. die Holzsaat, Baumschulen, Pflanzung, Entwässerung des Bodens zu Kulturzwecken und enthält viele treffende Beobachtungen sowie heute noch als richtig anzuerkennende waldbauliche Vorschriften.

Ziemlich gleichzeitig mit der Sylvicultura oeconomica ist auch das erste von einem Forstmanne verfaßte Buch erschienen, nämlich die „Notabilia venatoris" des fürstlich sächsischen Oberland=jägermeisters und Landrates von Göchhausen (1710). Dieses Werk behandelt zwar ebenso wie der „Vollkommene Teutsche Jäger und Fischer" des Freiherrn von Flemming (2 Bände 1720 und 1724) hauptsächlich jagdliche Gegenstände, doch finden sich in beiden Werken auch verschiedene Kapitel über Forstwirtschaft mit teilweise ganz guten Bemerkungen.

§ 45. Die Entwickelung der Grund- und Hilfswissenschaften.

Unter den forstlichen Hilfswissenschaften war bis zur Mitte des 18. Jahrhunderts nur der mathematische Teil, und zwar haupt=sächlich die Forstvermessung, einigermaßen entwickelt.

Das Bedürfnis der Praxis bot die Veranlassung, daß schon in ziemlich früher Zeit wenigstens ein Teil der Forsten regelrecht vermessen wurde. Zunächst waren es die kleineren, nieder= und mittelwaldartig behandelten Waldteile, deren Flächengröße schon aus Rücksicht auf die Betriebsregulirung, allerdings nur in ziemlich roher Weise, ermittelt wurde, gegen das Ende des 16. Jahrhunderts wurden aber auch schon größere Waldungen in Thüringen vermessen; 1680 erfolgte bereits die erste Vermessung und Kartierung des Kommunion=Harzes, und es liegen genügende Beweise dafür vor, daß eine genauere Vermessung des Waldes zu Anfang des 18. Jahr=hunderts wenigstens nicht mehr zu den Seltenheiten gehörte. Bei vielen größeren Waldungen begnügte man sich allerdings selbst noch zu Ende des 18. Jahrhunderts häufig damit, ihre Flächenausdehnung nach Stunden oder Meilen anzugeben.

Die älteste Anleitung zur Forstvermessung ist in der „Praxis geometriae" von Penther (1. Aufl. 1729, 2. Aufl. 1788) enthalten. Als Instrumente wurden hier benutzt: ein kleiner Meßtisch, die Boussole und das Astrolabium.

Wesentlich später als die Entwickelung der Forstvermessung begann jene der Holzmeßkunde.

Bis zur Mitte des 18. Jahrhunderts kannte man eine genaue Methode, die Masse eines Baumes zu bestimmen, überhaupt nicht, sondern taxierte entweder gutachtlich den Inhalt desselben nach Klaftern bezw. die Nutzholzklasse, welcher er nach Durchmesser und Höhe angehörte. Bei Schnittholz schätzte man, wieviel Bretter der Baum wohl geben könnte.

Auch die Bestandesmasse wurde fast ausschließlich durch summarische Okulartaxation ermittelt, doch hat man in der ersten Hälfte des 18. Jahrhunderts schon Probeflächen für die verschiedenen Bestandesbonitäten abgesteckt und hieraus entweder durch spezielle Taxation der einzelnen Bäume oder, wie bereits Flemming empfiehlt, durch Kohlabtrieb, Anhaltspunkte für die Massenermittlung gewonnen.

Die erste Anleitung zu Ertragsversuchen und zur Aufstellung von Ertragstafeln wurde 1721 von Réaumur für die französischen Niederwaldungen gegeben.

Sehr einfach war auch die zu jener Zeit übliche Methode der Waldwertberechnung, indem bis zur Mitte des 18. Jahrhunderts der Preis sich vorwiegend nach dem augenblicklichen Verbrauchswert der nach dem eben erwähnten ungenauen Verfahren eingeschätzten haubaren Holzmasse richtete; das jüngere Holz sowie der Bodenwert wurden nicht in Anschlag gebracht.

Von den naturwissenschaftlichen Grundlagen der Forstwirtschaft ist in dieser Praxis noch gar nichts vorhanden gewesen. Das im Jahre 1716 erschienene Buch des Regensburger Arztes Georg Andreas Agricola „neuer und nie erhörter, doch in der Natur wohlbegründeter Versuch der Universalvermehrung aller Bäume, Stauden- und Blumengewächse, das erstemal theoretice und practice experimentirt" behandelt zwar neben viel Aberglauben und Schwindel auch die bekannteren Veredlungsarten ziemlich gut, ist aber kaum als zum Forstbetrieb gehörig zu betrachten.

5. Kapitel. Jagdwesen.

§ 46. Jagdregal.

Bereits im 14. und 15. Jahrhundert hatten verschiedene Landesherren die Behauptung aufgestellt, daß ihnen nicht nur die Oberaufsicht über das Jagdwesen, sondern auch die Jagdausübung in ihrem ganzen Gebiet ohne Rücksicht auf die Eigentumsverhältnisse als ein Regal zustehe.

Seit dem 16. Jahrhundert trat diese Anschauung immer häufiger hervor und führte, gestützt einerseits auf häufig sehr eigentümliche juristische Deduktionen und andererseits auf die Thatsache, daß die Landesherren wirklich sehr ausgebreitete Jagdrechte besaßen, dazu, daß im 17. und 18. Jahrhundert die Regalität der Jagd ein allgemein anerkannter Rechtsgrundsatz wurde; sogar das preußische Landrecht von 1794 behandelt das Jagdrecht noch ganz vom Standpunkt der regalistischen Theorie.

Es gelang den Landesherren allerdings nur selten und höchstens in den kleinsten Staaten, das Jagdregal im vollen Umfang auch praktisch geltend zu machen.

Nach der im 18. Jahrhundert üblichen Definition wurde das Jagdregal (Wildbann, Jagdhoheit, Jagdherrlichkeit) aufgefaßt als: das aus der Landeshoheit herrührende Recht des Landesherrn, den Fang aller in den Wäldern und sonst im Land vorkommenden wilden Tiere, die in keinem Privateigentum sind, zu dirigieren, die oberstrichterliche Gewalt in allen dahin gehörigen Angelegenheit auszuüben und den Fang in allen jenen Gegenden zu seinem Nutzen vorzunehmen, in welchen Privatpersonen die Jagdgerechtigkeiten nicht von unerdenklichen Zeiten hergebracht oder durch landesherrliche oder kaiserliche Beleihung erhalten haben.

Das Jagdregal schloß demnach zwei verschiedene Rechte in sich:

Jagden der Landesherren.

1. Das **Hoheitsrecht des Wildbannes** (jus banni ferini), vermöge dessen der Regent alles dasjenige zu besorgen hatte, was das Wohl des Staates in Ansehung der wilden Tiere und Jagden erforderte.

2. Das **Jagdrecht** (jus venandi), welches als die Befugnis betrachtet wurde, die Jagd überall da auszuüben, wo nicht Privatpersonen einen besonderen Besitztitel des Jagdrechtes nachweisen konnten, sowie die Zubehöre des Jagdrechtes, insbesondere die Jagddienste in Anspruch zu nehmen.

Das Jagdrecht konnte von den Landesherren auch an Landsassen und Unterthanen verliehen werden.

§ 47. Jagdrecht.

Des ausgedehntesten Jagdrechtes hatten sich in dieser Periode die **Landesherren** zu erfreuen.

Dasselbe stand ihnen zunächst auf ihren allodialen und lehensrechtlichen Besitzungen, sowie in den Bannforsten zu, welche sie aus früherer Verleihung besaßen. Ferner hatten die Landesherren schon bisher als Obermärker die Jagd in den betreffenden Markgenossenschaften ganz oder teilweise ausgeübt. Hierzu kam noch neu das Jagdrecht in jenen Landesteilen, in welchen sie dasselbe auf Grund des Jagdregales in Anspruch nahmen.

Der Versuch, das Jagdregal praktisch geltend zu machen, veranlaßte nicht nur bei den Bauern, sondern auch beim Adel laute Klagen und vielfache Beschwerde. Während aber erstere ausnahmslos seit dem 30jährigen Krieg auch den dürftigen Rest ihres früheren Jagdrechtes verloren, leisteten die oft sehr mächtigen Vasallen häufig erfolgreich Widerstand.

In einzelnen Staaten, z. B. in Preußen, mußten die Landesherren versprechen, daß sie das den letzteren zustehende Jagdrecht seinem vollen Umfange nach anerkennen wollten. In Süddeutschland und Österreich trat meist eine Teilung des Jagdrechtes in der Weise ein, daß der früher thatsächlich bereits vorhandene Unterschied zwischen **hoher** und **niederer Jagd** nunmehr rechtlich festgestellt und als Grenze des Jagdrechtes zwischen dem Landesherren und den Ständen in der Weise betrachtet wurde, daß ersterem in verschiedenen

Bezirken ausschließlich die hohe Jagd, letzteren dagegen die niedere Jagd oder das „Reisgejaid" zustand.

Das den Bauern entzogene Jagdrecht benutzte man häufig zur Entschädigung der Adeligen für den Verlust der hohen Jagd, so daß ihnen das Reisgejaid auch außerhalb der früheren Jagdgebiete eingeräumt wurde.

Auch die Städte vermochten in dieser Periode nur teilweise das frühere Jagdrecht zu behaupten; soweit sie ein solches besaßen, wurde es in den Landstädten meist von allen Bürgern ausgeübt, während in den Reichsstädten gewöhnlich die Patrizier die Jagdausübung als ein ihnen zustehendes Recht behandelten.

Da die Landesherren ihr umfassendes Jagdrecht unmöglich überall persönlich ausüben konnten, so nahm die schon im Mittelalter übliche Verleihung von Gnadenjagden immer mehr an Umfang zu. Die Verleihung erfolgte teils erblich, teils auf Lebenszeit, meist mit Vorbehalt des Widerrufes, und nun in der Regel nicht unentgeltlich. Häufig mußte eine oft recht bedeutende Abgabe hierfür geleistet werden, so daß diese Begünstigungen den Charakter von Jagdverpachtungen annahmen. Die Hingabe von Gnadenjagden gegen Entgelt wurde schon im 16. Jahrhundert mehrfach als eine Finanzmaßregel betrieben.

Die während des Mittelalters entstandenen Freipürschgebiete in Südwestdeutschland veranlaßten im Lauf der Zeit vielfache Klagen wegen des Herbeiziehens von Landstreichern, Ausrottens von Wild und der Beeinträchtigung benachbarter Landstände. Zu Anfang des 18. Jahrhunderts wurde deshalb ein Teil der Freipürschgebiete aufgehoben, für die übrigen erfolgte der Erlaß strenger Ordnungen; die letzten Reste dieser Einrichtung haben sich bis zum Anfang des 19. Jahrhunderts erhalten.

Da die Jagdbezirke häufig vielfach zersplittert waren und so durcheinander lagen, daß der einzelne auf seinem Besitztum die Jagd kaum ausüben konnte, so vereinigten sich oft die verschiedenen Besitzer zur gemeinschaftlichen Jagdausübung in der Weise, daß jeder auf allen und doch auf gewissen Gütern des andern die Jagd ausüben durfte. Dieses Recht nannte man die Koppeljagd (venatio simultenea s. cumulativa). Verschieden hiervon war die gemeinschaftliche Jagd (venatio communis), bei welcher die Jagd den gemeinschaftlichen Eigentümern eines Gutes gemeinsam zustand.

In den zwischen Landesherrn und Adel verkoppelten Jagden hatte ersterer das Recht der **Vorjagd**, in den Gnadenjagden nahm derselbe die **Mitjagd**, wenn auch nicht der Jagdbeute so doch des Vergnügens halber (**Lustjagd**), in Anspruch.

Seit dem 16. Jahrhundert machte sich das Bestreben geltend, die **Jagdfolge** immer mehr einzuschränken, häufig wurde sie nur noch zugestanden, wenn ihre Erwerbung durch Verleihung oder Verjährung nachgewiesen werden konnte.

Bei der Jagdfolge kam auch die gegenseitige Stellung der Betreffenden in Betracht. Die Landesherren nahmen sie zwar für sich in Anspruch, gestatteten dieselbe aber ihren Landsassen nicht; ähnlich verhielten sich die höheren Jagdberechtigten gegen niederere.

Das vollständige Verbot der Jagdfolge wurde zuerst durch eine österreichische Verordnung von 1786 ausgesprochen.

Wo eine Jagdfolge stattfand, war sie meist nur nach vorheriger Anzeige beim Jagdberechtigten und innerhalb einer beschränkten Zeit gestattet.

Die später so drückenden **Jagddienste** kamen erst seit dem Ausgang des Mittelalters in Übung, wurden aber in der Folgezeit nicht selten bis zur Unerträglichkeit gesteigert, da sie die Unterthanen häufig während der bringendsten Feldarbeiten, oft wochenlang, vom Haus fern hielten und mit vielen Beschwerden verbunden waren.

Außer dem Treiberdienst, dem Stellen und Fahren des Jagdzeuges, sowie sonstiger Hilfe bei der Jagdausübung wurden unter dem Titel der Jagddienste noch sehr verschiedenartige andere Leistungen gefordert, so z. B. Lieferung der Leinwand zum Jagdzeug, von Federn für Federlappen, Taubenzehent für die Falken, Hundeaufstockung und Hundsbrot und noch vieles andere.

Im Interesse eines pfleglichen Jagdbetriebes waren seit dem Ende des Mittelalters allenthalben besondere **Schutz**- bezw. **Schonzeiten** angeordnet, außerdem bestand während der sog. Setzeit noch allgemeiner **Waldschluß**. Die Jagdordnungen verbieten auch verschiedene unwaidmännische Jagdarten, z. B. den Gebrauch von hetzenden Hunden. Überall war bestimmt, daß den Hofhunden

Knüppel oder Kreuze angehängt werden müßten, um sie vom Jagen abzuhalten.

Schon zu Anfang des 17. Jahrhunderts kommen Jagdpässe in Württemberg vor, welche später allgemein, besonders aber für die Freipürschgebiete, angeordnet wurden.

Da der große Wildstand im 17. und 18. Jahrhundert teilweise ganz enormen Schaden an den Feldfrüchten verursachte, so beschäftigen sich die Jagdordnungen vielfach mit der Verhütung desselben. Meist waren aber die gestatteten Mittel wie: Feueranzünden, Trommeln, Aufstellung von Wildhütern, Anbinden kleiner Hunde in den Feldern, nur sehr ungenügend. Die Umfriedigung der Fluren durch Wildmauern und Wildzäune wurde nur ungern gesehen und bildete häufig einen Gegenstand des Streites zwischen Landesherrn und Volksvertretung. Wo solche Wildzäune gestattet wurden, durften sie weder zu hoch (nicht über 3 m) noch so eingerichtet sein, daß sich überfallendes Wild an den Spitzen beschädigen konnte.

Nur ausnahmsweise wurde ein stärkerer Abschuß des übermäßigen Wildstandes vorgenommen, lieber entschloß man sich, in einzelnen Fällen die bittersten Klagen durch einen teilweisen Ersatz des Wildschadens zu beschwichtigen.

§ 48. Jagdausübung.

Von den während des späteren Mittelalters noch in Deutschland heimischen Wildarten war der Ur zu Beginn des 16. Jahrhunderts ausgestorben, Wisent und Elen wurden seit dieser Zeit immer mehr nach Nordosten gedrängt; zu Ende des 18. Jahrhunderts war das Wisent, von welchem 1689 wieder einige Stück in der Mark Brandenburg ausgesetzt worden waren, aus Deutschland verschwunden.

Das gleiche Schicksal hatte in Südbayern und Tyrol der Steinbock, von welchem sich zu Anfang des 18. Jahrhunderts noch ein kleiner Bestand in den Zillerthaler Alpen erhalten hatte, welcher indessen schon in den nächsten Jahrzehnten nicht mehr erwähnt wird.

Auch der Biber wurde mehr und mehr dezimiert und an vielen Stellen vollständig ausgerottet.

Die Bären waren in Südwestdeutschland schon zu Ende des 16. Jahrhunderts vertilgt worden, haben sich aber in den bayrischen

Alpen, im bayrischen Wald und in Westpreußen noch bis zum Schluß des 18. Jahrhunderts erhalten.

Die Wölfe hatten sich während des dreißigjährigen Krieges so stark vermehrt, daß sie als eine wahre Landplage erschienen; trotz Aufbietung aller Mittel wurden sie erst während des 18. Jahrhunderts soweit ausgerottet, daß Wölfe wenigstens in den meisten Gegenden von Deutschland zu den selteneren Erscheinungen gehörten.

Neu kam während dieser Periode das Damwild nach Deutschland. Dasselbe stammt von den Küsten des mittelländischen Meeres und wurde gegen Ende des 16. Jahrhunderts über England und Dänemark nach Süddeutschland gebracht; nach Preußen kam es erst etwa 100 Jahre später.

Die Fasanen verbreiteten sich nur sehr langsam weiter nordwärts, in Preußen werden sie erst 1678 erwähnt.

Infolge der günstigen jagdrechtlichen Verhältnisse und der Jagdlust der meisten Fürsten erreichte der Wildstand um die Wende des 17. und 18. Jahrhunderts seinen Höhepunkt.

So wurden in Württemberg während des Jahres 1737 allein gelegentlich eines Abschusses zur Verminderung des Wildschadens 6518 Stück Rotwild und 5058 Stück Schwarzwild erlegt.

Das zur niederen Jagd gehörige Wild wird in den Schußlisten des 16. und 17. Jahrhunderts noch wenig erwähnt. Dieses hängt sowohl mit der Menge des Raubwildes, als auch mit der Art und Weise des Jagdbetriebes der hohen Herren und der schlechten Konstruktion der Schußwaffen zusammen. Erst im 18. Jahrhundert begann man auch dem kleinen Wild mehr Aufmerksamkeit zu schenken.

Für die Gestaltung des Jagdbetriebes seit dem Ende des Mittelalters war die Verbesserung der Konstruktion des Schießgewehres maßgebend.

Obwohl das Radschloß 1517 erfunden war und 1556 schon Schrotflinten gebraucht wurden, so war während des 16. Jahrhunderts für jagdliche Zwecke die Armbrust noch fast ausschließlich im Gebrauch; erst seit der Erfindung des Feuersteinschlosses (um 1630) wurde sie rasch vom Gewehr verdrängt.

Während der Blütezeit der Jägerei hatte man eine Unzahl verschiedener Hunderassen, um die Mitte des 18. Jahrhunderts werden deren mehr als 20 erwähnt!

Die Jagdfalken wurden um hohen Preis aus dem Auslande, namentlich von Island, bezogen.

Als weitere Hilfsmittel zur Jagd sind in dieser Periode zu erwähnen: Netze, Tücher, Fallen, Schweinsfedern, Hirschlanzen, Hirschfänger, Zeugwagen, Kasten, Stangen und Eisen zum Aufstellen des Jagdzeuges.

Zu Anfang des 16. Jahrhunderts war wie früher noch immer die Fangjagd die am meisten geübte Jagdmethode.

Beim Hochwild benutzte man hierbei zunächst in der alten Weise den Hag, ging aber bald dazu über, diesen durch eine künstliche Wand von Tüchern oder Netzen zu ersetzen, wodurch man bei der Auswahl der Örtlichkeiten für die Jagd ungleich weniger beschränkt war. Während der zweiten Hälfte des 16. Jahrhunderts wurde diese Wand, um ein Ausbrechen des Wildes zu verhüten, seitwärts immer mehr verlängert, bis man endlich etwa zu Anfang des 17. Jahrhunderts einen ganzen Waldteil größtenteils oder ganz mit Zeug umstellte. Auf diese Weise entwickelte sich das sog. bestätigte Jagen.

Eine Erweiterung dieser bestätigten Jagen sind die um das Jahr 1700 in Übung gekommenen großen eingestellten Jagen, bei denen es sich darum handelte, möglichst große Wildmassen zu erlegen oder wenigstens zu zeigen. Die eingestellten Jagen waren Hoffeste, welche man, entsprechend dem Charakter der Zopfperiode des 18. Jahrhunderts, mit allen möglichen Künsteleien ausschmückte. Daneben blieben aber die bestätigten Jagen in einfacher Form noch fortwährend in Übung.

Während das alte Überlandjagen durch das bestätigte Jagen sowie durch andere sichere Jagdmethoden allmählich ganz außer Übung kam, wurde unter Ludwig XIV. die französische Form derselben, die Parforcejagd, nach Deutschland gebracht und während des 18. Jahrhunderts als kostspieliges fürstliches Vergnügen geübt; das gleiche war im 17. und 18. Jahrhundert mit der Falkenbeize der Fall.

Mit der fortschreitenden Verbesserung der Schießgewehre kamen auch Pürsche, Anstand, Treibjagd und Suche mit dem Vorſtehhund in Aufnahme. Das Raubwild wurde vorwiegend mit Hilfe verſchiedener Fallen und anderer Fangvorrichtungen erlegt.

Die Ausübung der Jagd erforderte namentlich im 17. und 18. Jahrhundert ein großes Perſonal, welches einen weſentlichen Teil des Hofſtaates ausmachte.

An der Spitze der Jägerei ſtand der Jägermeiſter mit verſchiedenen Titulaturen, welcher, wie ſchon im Mittelalter, eine ſehr angeſehene Stellung bei Hof inne hatte; ihm wurden ſpäterhin meiſt noch andere Beamte (Jagdjunker) zur Unterſtützung beigegeben. Im 16. und 17. Jahrhundert war der Jägermeiſter beim Jagdbetrieb noch aktiv beteiligt, im 18. Jahrhundert dagegen wurde dieſe Stellung ein reines Hofamt.

Die oberſten Jagdämter, welche zuſammen als Hofjagdchargen bezeichnet wurden, waren ausſchließlich dem Adel vorbehalten.

Für die einzelnen Zweige des Jagdbetriebes (deutſche Jägerei, Parforcejagd, Falkenbeize) war ein beſonderes Perſonal von gelernten Jägern vorhanden, welches aber in dem Maße weniger zahlreich wurde, als im Laufe der Zeit ein großer Teil der jagdlichen Funktionen, namentlich die ſog. deutſche Jägerei, auf das Forſtperſonal überging.

Die Beſoldung des Jagdperſonals war im allgemeinen höher als jene des Forſtperſonals, insbeſondere hatten die Inhaber der oberen Jagdämter ganz unverhältnismäßig hohe Bezüge.

Als Accidenzien des Jagdperſonals ſind: „Jägerrecht" und „Schußgeld" zu nennen; letzteres iſt dadurch entſtanden, daß das alte Jägerrecht, d. h. der Bezug gewiſſer Teile des erlegten Wildes, ganz oder teilweiſe in Geld umgewandelt wurde.

§ 49. Jagdſtrafweſen.

Die Verletzungen des Jagdrechtes und der jagdpolizeilichen Vorſchriften wurden je nach ihrer Schwere als „Wilderei" oder als „Wildfrevel" bezeichnet. Unter erſterer verſtand man nur das unberechtigte Erlegen von Hochwild. Als Wildſchützen wurden diejenigen betrachtet, welche die Wilderei gewohnheitsmäßig oder unter Bedrohung des Jagdperſonals betrieben.

Gegen ſie wurde mit größter Strenge und zwar meiſt mit Leibes- oder Lebensſtrafe vorgegangen; das Forſtperſonal hatte allgemein die

Erlaubnis und vielfach sogar den Auftrag, den Wildschützen gegenüber, auch ohne daß der Fall der Notwehr vorlag, von den Schußwaffen Gebrauch zu machen, doch sollten dieselben, wenn möglich, lebendig eingeliefert werden.

Die gewöhnliche Strafe für die leichteren Fälle der Wilderei bestand in längerer Freiheitsstrafe oder in verschiedenen Leibesstrafen. In einzelnen Forstordnungen, z. B. in der preußischen von 1720, wird für unberechtigtes Jagen auch noch, wie früher, hohe Geldstrafe angedroht (500 Thaler für einen Hirsch); dieselbe konnte aber naturgemäß nur gegen eine einfache Verletzung des Jagdrechtes durch hochgestellte und wohlhabende Personen gerichtet sein.

Für die Frevel am kleinen Wild waren fast stets nur Geldstrafen und Konfiskation der Jagdutensilien angedroht.

Auch die Zuwiderhandlungen gegen die jagdpolizeilichen Bestimmungen wurden in der Regel nur mit Geld oder mit geringen Freiheitsstrafen geahndet.

Für die Aburteilung der leichteren Fälle besaßen die Forst- und Jagdbehörden eine ziemlich ausgedehnte Kompetenz, die schweren Leibes- und die Lebensstrafen, sowie die keineswegs seltene Anwendung der Folter konnte dagegen nur von den ordentlichen Gerichten verfügt werden. Auf diesem Gebiete sind auch viele Fälle der Kabinetsjustiz zu verzeichnen.

§ 50. Jagdlitteratur.

Die jagdliche Litteratur des 16. Jahrhunderts beginnt mit dem „geheimen Jagdbuch" des Kaisers Maximilian I., welches zwischen 1508 und 1509 verfaßt worden sein dürfte und verschiedene Einzelabhandlungen über Jagdausübung, sowie Erzählungen von Jagderlebnissen enthält. Außerdem hat Kaiser Maximilian noch eine Abhandlung über Falknerei geschrieben.

Aus dem 16. Jahrhundert ist uns ferner ein Manuskript im königlichen Staatsarchiv zu Stuttgart erhalten, welches die „Zeichen des Hirsches" bespricht. Dasselbe scheint unter Benutzung der oben (S. 55) erwähnten Abhandlung, die schon aus dem 14. Jahrhundert stammt, abgefaßt worden zu sein. Auch Noë Meurer dürfte letztere bei Bearbeitung des betr. Abschnittes seines Forst- und Jagd-rechtes zu Händen gehabt haben.

Das berühmte „Neuw Jag- und Weydwerck-Buch" von 1582, welches die erste vollständige Darstellung des Jagdbetriebes enthält, ist nicht, wie meist angenommen wird, ein deutsches Originalwerk, sondern, abgesehen von einigen untergeordneten Beigaben, nur eine Übersetzung des 1561 erschienenen Werkes „La Venerie" des Jaques Du Fouilloux.

Das „Abeliche Wayd-Werk" von 1661 stellt nur einen nahezu unveränderten Abdruck dieses Buches dar.

Für das Studium des Jagdbetriebes jener Zeit sind namentlich die Holzschnitte der genannten Werke von Bedeutung.

Als weitere Werke über Jagd sind zu nennen: Johann Teutzer's „Jagdbuch oder Dianen's hohe und niedere Jagdgeheimnisse, 1682 bis 1689" und die Notabilia venatoris oder Jagd- und Waidwerks-Anmerkungen des Oberlandjägermeisters Friedrich von Göchhausen (1710).

Weitaus den größten Wert unter den jagdlichen Werken dieser Periode besitzt „der vollkommene teutsche Jäger" des Hans Friedrich von Flemming (1719—1724), welches die genauesten Berichte über das hochgeschraubte Jagdwesen jener Zeit und besonders über die großen Hof- und Luxusjagden enthält.

IV. Abschnitt.

Neuere Forstgeschichte
(Seit 1750).

---

§ 51. Quellenkunde.

1. Selbständige Publikationen, welche auf das Forst- und Jagdwesen Bezug haben.
2. Die forstlichen Zeitschriften.
3. Verwaltungsakten, Organisationsdekrete, Wirtschaftsvorschriften. Dieselben sind teils veröffentlicht, teils in den Archiven und Registraturen verwahrt.
4. Gesetze und Verordnungen in Forst- und Jagdsachen; sie finden sich in den Gesetzessammlungen, amtlichen und politischen Zeitungen, sowie, wenigstens auszugsweise, auch in den forstlichen Zeitschriften.

---

1. Kapitel. Waldeigentum.

§ 52. Staatswaldungen.

Die Änderung der staatsrechtlichen und volkswirtschaftlichen Anschauungen, welche gegen das Ende des 18. Jahrhunderts begann, sowie die politischen Umwälzungen während der ersten Dezennien des 19. Jahrhunderts haben sich auch für den Waldbesitz der Landesherren als folgenschwer erwiesen.

Durch die **Säkularisationen** infolge des Reichsdeputations=
hauptschlusses vom Jahre 1803 fiel das Eigentum der geistlichen
Güter (sowohl katholischer als protestantischer) an die Landesherren,
sodaß deren Waldbesitz einen bedeutenden Zuwachs erhielt. Den
weltlichen Landesständen wurden dagegen bei den **Mediatisierungen**
im Reichsdeputationshauptschluß, in der Rheinbundsakte von 1806
(Art. 27) und in der deutschen Bundesakte von 1815 (Art. 14) die
sämmtlichen Domänen als ihr Patrimonial= und Privateigentum be=
lassen. Man ging dabei von der Ansicht aus, daß das Eigentum
an den Domänen immer der fürstlichen Familie zugestanden habe,
aber mit gewissen Ausgaben im öffentlichen Interesse belastet gewesen
sei; mit dem Recht der fürstlichen Familie auf die Landesregierung
sei jedoch ipso jure auch die Belastung des Kammergutes mit öffent=
lichen Ausgaben erloschen.

Soweit also der Domanialbesitz der mediatisierten Fürsten aus
Waldungen bestand, erhielten diese nunmehr den Charakter von
Privatwaldungen; den mediatisierten Reichsstädten wurde ihr Wald
ebenfalls meist belassen; nur in seltenen Ausnahmen (z. B. Nürnberger Reichswald) fiel derselbe an den Staat.

In jenen Staaten, welche auch nach 1815 noch ihre Selbständigkeit
behaupteten, wurde für die fernere Gestaltung des landesherrlichen
Waldbesitzes die Lösung der Frage nach dem Eigentumsrecht an
den Domänen, welche seit dem Anfang des 19. Jahrhunderts eine
besondere Bedeutung gewonnen hatte, maßgebend.

Diese setzten sich nämlich zusammen aus reinem Privateigentum
der Fürsten und aus solchen Teilen, welche ihnen mit Rücksicht auf
das innehabende Amt übertragen oder von ihnen als Landesherren
erworben worden waren. Da sich jedoch eine Ausscheidung von Staatsgut
und Hausgut auf Grund streng historischer Basis nicht durchführen
ließ, weil der rechtliche Ursprung und der Charakter der einzelnen
Domänen meist nicht mehr mit Sicherheit nachgewiesen werden konnte,
so erfolgte die Ordnung dieser Angelegenheit nach politischen und
Billigkeitsrücksichten.

Wie oben, S. 58, bereits bemerkt, eilte **Preußen** allen anderen
Staaten hierin weit voran, indem dort schon 1713 sämtliche Domänen
zu Staatsgütern erklärt wurden, als welche sie auch das preußische

Landrecht von 1794, das Hausgesetz von 1805, das Edikt von 1810 und die Verfassungsurkunde von 1850 bestätigten.

In den übrigen Staaten wurde diese Angelegenheit während der ersten Hälfte des 19. Jahrhunderts, in Meiningen erst 1871, und zwar auf sehr verschiedene Weise, geregelt.

Die größeren Staaten (Bayern, Württemberg und Sachsen) erkannten die Domänen ebenfalls, wie Preußen, als reine Staatsgüter an; in den kleineren wurden sie entweder zwischen dem Staat und dem landesfürstlichen Haus geteilt (Anhalt, Oldenburg, Altenburg) oder das Grundeigentum der Domänen verblieb zwar der fürstlichen Familie, jedoch mit der Bestimmung, daß die Einkünfte aus den Domänen ganz oder teilweise zu Staatsausgaben Verwendung finden sollten.

Durch den Übergang des Eigentums der Domänen an den Staat entstanden, soweit hierbei Waldungen in Betracht kommen, aus den landesherrlichen Forsten Staatswaldungen; man pflegt jedoch auch in jenen Staaten, in welchen das Eigentum an den Domänen ganz oder teilweise zwar der fürstlichen Familie vorbehalten, eine Teilung auf dem Terrain jedoch nicht vollzogen worden ist, die zu den Domänen gehörigen Forsten als Staatswaldungen zu bezeichnen.

Für die Geschichte der landesherrlichen bezw. Staatswaldungen sind während der letzten 150 Jahre endlich auch noch die verschiedenen volkswirtschaftlichen Anschauungen und Zustände bedeutungsvoll geworden.

Schon bald nach dem Bekanntwerden der volkswirtschaftlichen Lehren von Adam Smith wurde aus dem Satz, daß der Staat ungeeignet zum Betrieb von Gewerben sei, die Folgerung gezogen, daß die Staatswaldungen veräußert werden müßten.

Zuerst tauchte diese Forderung in Frankreich auf, wo sie Mustel in seinem 1784 erschienenen Traité theorique et practique de la végétation anführt. Schon wenige Jahre später boten die mißlichen finanziellen Verhältnisse den Gewalthabern der französischen Republik Veranlassung, diese theoretische Anschauung durch Veräußerung eines großen Teiles der französischen Staatswaldungen in die Praxis zu übersetzen.

Um die Wende des 18. und 19. Jahrhunderts wurde auch in

Deutschland namentlich von F. C. Medicus[1]), J. J. Trunk[2]) und Hazzi[3]) die Veräußerung der Staatsforsten gefordert. Die Notlage der Staatsfinanzen war die Ursache, daß von diesem Mittel hier ebenfalls, und zwar in einigen Staaten in ziemlich umfassender Weise, Gebrauch gemacht wurde.

In Bayern wurden 1802 und 1803 ca. 4000 ha Staatswald verkauft, in Preußen war man nach der Katastrophe des Jahres 1806 zu der gleichen Maßregel gedrängt. Dort führte indessen die Erwerbung der Klostergüter im Jahre 1803 eine Besserung der Finanzen herbei, hier verhinderte der Einfluß G. L. Hartig's[4]), daß die Staatsforsten bei der Veräußerung von Domänen in erheblichem Maße betroffen wurden.

---

[1]) Medicus, Friedrich Casimir, Dr. med., geb. 1736 in Grumbach (preuß. Rheinprovinz), gest. 1808 in Mannheim, Direktor des botanischen Gartens daselbst.

[2]) Trunk, Johann Jakob, geb. 1745 zu Hernsheim, gest. nach 1802 zu Alsheim, von 1787—1763 k. k. Oberforstmeister für die österreichischen Vorlande und Professor der Forstwissenschaft zu Freiburg, später kurf. Hofrat und Professor der ökonomischen Wissenschaften zu Köln.

[3]) von Hazzi, Joseph, geb. 1768 in Abensberg, gest. 1845 auf seinem Gut Ölkofen (Oberbayern), war 1799 eine Zeitlang Generaldirektionsrat im Departement des Forstwesens, schließlich Staatsrat und Vorsitzender der Landesbaukommission.

[4]) Hartig, Georg Ludwig Dr. phil. h. c., geb. am 2. September 1764 in Gladenbach (Kreis Biedenkopf) als Sohn eines hessischen Forstmeisters, lernte als Jäger am Harz, studierte 1781—1783 an der Universität Gießen, praktizierte sodann bei seinem Vater und trat 1785 als Accessist am Oberforstkolleg in Darmstadt ein. Schon 1786 wurde er fürstl. Solms'scher Forstmeister zu Hungen und nahm bereits 1789 junge Leute in die Lehre. 1797 erhielt Hartig einen größeren Wirkungskreis als nassau-oranienscher Landforstmeister in Dillenburg, wo er gleichfalls seine Lehrthätigkeit fortsetzte. Nach Annexion des Landes durch Napoleon verschaffte ihm ein ehrenvoller Ruf als Oberforstrat nach Stuttgart (1806) wieder ein Unterkommen; auch in Württemberg war er als Lehrer thätig, 1811 trat er als Oberlandforstmeister und Staatsrat in preußische Dienste über. Schon bald hielt Hartig auch in Berlin Vorlesungen über Forstwissenschaft und war seit 1821 zugleich Lehrer an der dortigen Forstakademie. Er starb am 2. Februar 1837. Hartig's Verdienst ist besonders die Organisation der Forstverwaltung und der Wirtschaft in Preußen. Er gab dem Waldbau durch seine „Anweisung zur Holzzucht" die erste wissenschaftliche Grundlage, bildete das Massenfachwerk weiter aus und war ein tüchtiger Lehrer. Die Klarheit und Einfachheit seiner Darstellungsweise verschaffte seinen zahlreichen Schriften große Verbreitung und Beliebtheit.

In Deutschland haben seit 1820 nur die umfassenden Forst=
rechtsablösungen in manchen Staaten eine bedeutende und bis=
weilen im allgemeinen Interesse später zu beklagende Verkleinerung
der Staatswaldfläche herbeigeführt, in Österreich wurde aber der
Verkauf von Staatswaldungen bis fast vor etwa 15 Jahren noch
als eine Finanzmaßregel betrieben.

Von 1800 bis 1877 wurden hier 1133843 ha Domänen, und
zwar meist Wald, verkauft, während der Periode von 1855 bis 1885
allein ca. 660000 ha.

In der neueren Zeit wird eine Verminderung der Staatswald=
fläche nur da erstrebt, wo der Boden bei anderweitiger Benutzung
zuverlässig eine größere Rente erwarten läßt; in verschiedenen
Gegenden, namentlich im Norden und Nordosten von Deutschland,
erscheint jetzt andererseits wieder eine Vergrößerung der Waldfläche
im allgemeinen, und zwar in Form des Staatswaldes, als eine im
volkswirtschaftlichen Interesse höchst willkommene und mehrfach un=
bedingt gebotene Maßregel.

§ 53. Kommunalwaldungen.

Während des 18. Jahrhunderts sind die letzten Überreste der
alten Markgemeinde erloschen und mußte bei der Neugestaltung des
staatlichen Organismus auch für die Lokalverwaltungsbezirke durch
die Bildung der modernen, rein politischen Gemeinde eine neue Form
geschaffen werden.

Diese Übergangsperiode ist auch für den noch vorhandenen
Allmendebesitz von entscheidender Bedeutung gewesen.

1. Vor allem dauerte auch in der zweiten Hälfte des 18. Jahr=
hunderts das Bestreben der Landesherren, möglichst große Stücke
der Markwaldungen an sich zu reißen, noch fort und war nament=
lich bei den letzten Teilungen der großen Marken von Erfolg begleitet.

2. Die Verteilung der Allmenden zu Sondereigen wurde
unter dem Einfluß der Lehre von Ad. Smith von seiten der Staats=
behörde und auf dem Wege der Gesetzgebung (preußische Gemeinheits=
teilungsordnung v. 1821) gegen Ende des 18. und zu Anfang des
19. Jahrhunderts auf das eifrigste gefördert. Vor allem geschah
dieses auf dem linken Rheinufer während der französischen Verwaltung.

3. In vielen Fällen ist das Eigentum der Allmende an die moderne politische Gemeinde übergegangen und bildet dann entweder a. ein Orts- oder Kammervermögen, oder b. die Erträge der Allmende fließen als Zubehör des politischen Bürgerrechts allen Bürgern oder nur gewissen Klassen direkt zu (Bürgervermögen bezw. Bürgerklassenvermögen).

4. In verschiedenen Gegenden hat sich die alte Markgemeinde unter Verlust des öffentlich-rechtlichen Charakters als privatrechtliche Korporation erhalten. Diese sind teils die Reste der alten Walderbschaften, Holzgemeinden ꝛc. (vergl. oben S. 31), teils sind solche wirtschaftlichen Privatgenossenschaften durch die Ausscheidung eines engeren, bevorrechteten Teiles innerhalb der weiten Gemeinde entstanden. Letztere Bildung vollzog sich in vielen Fällen im Lauf der Zeit von innen heraus, in anderen wurde die Trennung erst durch die neuere Gemeindegesetzgebung von oben her angeordnet.

5. Verschiedene der jetzt im Gesamtbesitz befindlichen Waldungen sind sog. Gesamtabfindungswaldungen; dieselben bilden die Entschädigung für Forstberechtigungen, welche einer Mehrheit zugestanden hatten und an diese in ihrer Gesamtheit, nicht an deren einzelne Glieder, abgetreten worden waren.

Die in der sub 4 und 5 genannten Weise entstandenen Formen werden vom Standpunkt des heutigen Rechtes teils als Genossenschafts- teils als Interessentenwald bezeichnet und behandelt.

Ersteres ist der Fall in jenen Rechtsgebieten, in welchen sich die deutschrechtliche Natur der Agrargenossenschaft erhalten hat (u. a. in Kurhessen, Hannover, Braunschweig, Königreich Sachsen, Württemberg), der Wald stellt hier ein deutschrechtliches Gesamteigentum der auf agrarische Basis gestellten Genossenschaft dar.

Im Bereich des preußischen Landrechtes, des französischen Rechtes, in Bayern und im Großherzogtum Hessen dagegen ist an die Stelle der deutschrechtlichen Genossenschaft eine römischrechtliche societas getreten, statt des Gesamteigentums existiert nur mehr ein bloßes Miteigentum, bei welchem die Eigentumsrechte nach ideellen Anteilen den Einzelnen (Interessenten) zustehen. Der Gemeinschaftswald ist zum Interessentenwald (in Bayern gemeinsamen Privatwald) geworden; über die Auflösung der Interessentschaft entscheidet der Einzelwille jedes Beteiligten, soweit nicht Spezialgesetze der Aufteilung des Waldes entgegenstehen.

Die letzten Reste alter Markwaldungen haben sich wenigstens dem Namen und den thatsächlichen Verhältnissen nach im Großherzogtum Hessen erhalten; vom Standpunkt des formellen Rechtes aus werden dieselben indessen als Interessentenwaldungen betrachtet.

§ 54. Forstberechtigungen.

In dem Maße, als sich die Forstwirtschaft entwickelte, mußten die zahlreichen Forstberechtigungen als ein Hindernis sowohl für die Wirtschaft, als auch für die Erzielung einer angemessenen Rente aus den Waldungen erscheinen.

Seit der Mitte des 18. Jahrhunderts ging daher das Streben der Waldbesitzer und vor allem der Landesherren dahin, die Rechtsholzbezüge immer mehr einzuschränken, oder sie ganz zu beseitigen.

Während man früher mehr gewaltsam hierbei verfahren war, schlug man nun den Weg des Gesetzes und der Verordnung ein.

So bestimmt das bayrische Landrecht von 1756, daß die Forstberechtigungen nicht bis zur Devastation des belasteten Waldes ausgedehnt werden dürften; ähnliche Vorschriften wurden in Preußen 1772 und 1788 erlassen.

Die Umwandlung der ungemessenen Forstrechtsbezüge in gemessene wurde zwar schon im 16. Jahrhundert (Ansbach 1531) versucht, allein erst seit dem Ende des 18. Jahrhunderts ernstlich begonnen.

Die vollständige Ablösung der Forstberechtigungen ist eine Aufgabe, welche erst im 19. Jahrhundert energisch in Angriff genommen wurde; die älteste wirklich erfolgreiche Verordnung auf diesem Gebiete war die gegenwärtig noch gültige hessische Verordnung von 1814.

Wie früher benutzte man auch jetzt als Ablösungsmittel ausschließlich oder doch in erster Linie Grund und Boden, erst späterhin (Sachsen 1832) wurde als Abfindungsmittel auch Geldkapital oder Geldrente zugelassen.

Die Ablösung der Forstberechtigungen ist indessen auch gegenwärtig noch nicht in allen Staaten, namentlich nicht in Bayern, so-

weit durchgeführt, als es im Interesse des Waldes und der Volks=
wirtschaft wünschenswert wäre.

Trotz dieser auf Befreiung des Waldes gerichteten Strömung
sind doch auch im 19. Jahrhundert noch zahlreiche Forstberechtigungen
teils neu entstanden, teils erheblich erweitert worden.

Unter den hierbei mitwirkenden Gründen ist vor allem die
moderne Gesetzgebung über das Gemeindevermögen zu nennen, in=
dem überall da, wo das Eigentum der Allmende zwar an die poli=
tischen Gemeinden übergegangen ist, die Erträge derselben aber nicht
in die Gemeindekasse fließen, sondern ganz oder teilweise einzelnen
Personen oder einer Genossenschaft direkt zukommen, letztere als In=
haber von dinglichen Rechten am Gemeindevermögen aufzufassen sind.

Nachlässigkeit und strafbares Verschulden des Forstpersonals, so=
wie Mangel an genauen Aufschreibungen über die Zahl und das
Maß der bestehenden Berechtigungen haben auch seit der Mitte des
18. Jahrhunderts noch eine Vermehrung der Belastung des Waldes
herbeigeführt.

Bei den sog. Forstrechtsliquidationen, d. h. der Aufstellung
von Forstrechtskatastern, welche in den meisten Staaten während der
ersten Hälfte des 19. Jahrhunderts erfolgte, sind endlich häufig zur
Vermeidung langwieriger und unsicherer Prozesse, nicht selten auch
aus politischen Rücksichten, die Forderungen der Berechtigten ohne
genügende Begründung ihrer Ansprüche anerkannt worden.

Ein wichtiger Schritt zur bleibenden Befreiung des Waldes ist
durch die gesetzlichen Bestimmungen geschehen, welche die Entstehung
neuer Servituten ausschließen.

---

2. Kapitel. Waldwirtschaft.

§ 55. Einleitung.

Während der Zeit vom Ende des Mittelalters bis zum Beginn
des 19. Jahrhunderts hat sich die Beschaffenheit der Waldungen
in tiefgreifender Weise verschlechtert.

Vor allem hat die Zunahme der Bevölkerung im 16. und namentlich im 18. Jahrhundert, das Aufblühen der Industrie und die Entwickelung des Holzhandels eine gewaltige Steigerung des Bedarfes an Forstprodukten hervorgerufen.

Der schlechte Zustand der Transportanstalten und der Mangel einer geordneten Forstwirtschaft hatten zur Folge, daß die einigermaßen zugänglichen Waldungen übermäßig ausgenutzt wurden. Seit der Mitte des 18. Jahrhunderts fing man an, auch aus den entlegenen Partien wenigstens die wertvollsten Stämme herauszunehmen, außerdem wurden hier in schonungslosester Weise Köhlerei, Pottaschesieden und Harzscharren betrieben. In den stärker bevölkerten Landesteilen gestalteten sich Streurechen und Viehweide zu einem Fluch für die Waldungen. Unachtsamkeit und Böswilligkeit, namentlich der Hirten und Zeidler, haben besonders in den norddeutschen Nadelholzforsten ausgedehnte Brände veranlaßt.

Die schrecklichen Verheerungen des dreißigjährigen Krieges, die Feldzüge des 18. Jahrhunderts, sowie schließlich die napoleonischen Kriege machten sich auch im Wald schmerzlich genug fühlbar. Die Landleute flüchteten in den Wald und hielten sich mit ihren Heerden dort oft wochenlang auf, die Heere biwakierten daselbst, und zur Deckung der Kriegskosten wurde mancher tiefe Griff in die Sparkasse des Waldes notwendig.

Seit der Mitte des 17. Jahrhunderts erforderte die veränderte Lebensweise des Adels, der mehr und mehr an die fürstlichen Höfe zog, einen gesteigerten Aufwand, welcher ebenfalls stärkere Fällungen veranlaßte.

Auch der Verfall der Markgenossenschaften hatte eine fortwährende Verschlechterung des Waldzustandes in der Allmende sowohl als auch den herrschaftlichen Waldungen zur Folge.

Die polizeilichen Verordnungen vermochten nicht, wirtschaftlichen Sinn und forstliche Kenntnisse zu schaffen. Die Hoffnungen, welche man auf den Erfolg des Individualismus nach Verteilung der Markwaldungen gesetzt hatte, erwiesen sich als trügerisch, diese Maßregeln trugen vielmehr ganz wesentlich zur Verwüstung der Waldungen bei.

Auch in den landesherrlichen Waldungen ließ die Geschick‍lichkeit und gar häufig selbst die Redlichkeit der Beamten noch zu Anfang des 19. Jahrhunderts viel zu wünschen übrig.

Wild und Jagd trugen endlich durch Verbeißen und Schälen, Aushauen von Futterplätzen, sog. Wildplätzen, von Schneußen und Gassen für das Stellen des Jagdzeuges sowie durch Abholzung ge‍eigneter Flächen für das Abjagen zur Verödung des Waldes ganz gewaltig bei.

Die Schilderungen über den Zustand der Waldungen um die Wende des 18. und 19. Jahrhunderts zeigen ein abschreckendes Bild von der Verwüstung und Verödung der Waldungen, welche unaufhaltsam immer weiter auch bis in die früher unzugänglichen und daher noch geschonten Teile der größeren Waldungen vordrangen.

§ 56. Der Anbau schnellwüchsiger und fremder Holzarten.

Die Erkenntnis der fortwährend zunehmenden Verschlechterung des Waldzustandes veranlaßte nicht nur eine Reihe von Verordnungen zur Schonung des Waldes, sondern führte auch zu verschiedenen wirt‍schaftlichen Maßregeln, welche von weittragender Bedeutung für die fernere Gestaltung der Waldflora geworden sind.

Da man einsah, daß die üblichen Methoden nicht ausreichten, um allenthalben befriedigende Verjüngungen zu schaffen, so begann man schon in den ersten Dezennien des 18. Jahrhunderts (Kur‍pfalz 1719 und Würzburg 1721), die Blößen durch Ansaat rasch‍wüchsiger Laubholzarten, vor allem der Birke, dann der Pappeln, Weiden und unter dem Einfluß von Langen und Zanthier[1]) auch der Weißerle zu füllen. Der Anbau der Birke steigerte sich gegen das Ende des 18. Jahrhunderts zu einer förmlichen „Betulomanie". Sowohl in Nord- als auch in Süddeutschland wurde derselbe amtlich empfohlen und gern benutzt, um die durch Sturm- und Insekten‍schäden enstandenen oder durch Mißwirtschaft veranlaßten Blößen zu decken.

---

[1]) von Zanthier, Hans Dietrich, geb. 1717 im Hause Görzig, gest. 1778, als gräfl. Stolberg'scher Oberforst- und Jägermeister zu Wernigerode.

Mit der Entwicklung der forstlichen Technik begann ferner seit der Mitte des 18. Jahrhunderts der Anbau der Nadelhölzer in rasch steigendem Maße. Am frühesten hat man wohl in Nordwestdeutschland angefangen mit Hilfe der Fichte und Kiefer die schlechtwüchsigen und lückigen Laubholzbestände zu verjüngen.

Diese Maßnahmen haben in Verbindung mit der noch zu besprechenden Entwicklung der Wirtschaftsmethoden an vielen Orten mit der vollständigen Verdrängung der besseren Holzarten geendet und sind die Ursache des großartigen Wechsels der Bestandesbilder, welcher sich während der letzten hundert Jahre in den deutschen Waldungen vollzogen hat.

Während bis zur zweiten Hälfte des 18. Jahrhunderts Laubholzbestände oder doch aus Laub- und Nadelholz gemischte Bestände, mit Ausnahme der höheren Gebirgslagen, fast über ganz Deutschland verbreitet waren, traten von nun an die Nadelhölzer, namentlich die Kiefer, in immer größerer Verbreitung auf.

Das Terrain, welches im Norden und Westen Eiche und Buche, im Süden Buche und Tanne verloren, gewann dort die Kiefer, hier die Fichte; in Mitteldeutschland wurde die reine Fichte vorherrschend.

Der Rückgang der Produktionsfähigkeit des Bodens, welche denselben für den Anbau des Laubholzes als ungeeignet erscheinen ließ, einerseits und die Raschwüchsigkeit, relative Anspruchslosigkeit und Gebrauchsfähigkeit der Nadelhölzer andererseits, lassen diesen Wechsel der Holzarten bis zu einem gewissen Grad als eine waldbauliche Notwendigkeit und als eine ganz richtige wirtschaftliche Operation zur Hebung der Waldrente erscheinen, leider hat derselbe vielfach das wünschenswerte und zulässige Maß weit überschritten.

Das Streben, den Ertrag der Waldungen zu heben, hat auch zum Anbau verschiedener, bis dahin in Deutschland fremder, oder doch nur an beschränkten Örtlichkeiten vorkommenden Holzarten geführt.

Vor allem wurde in der zweiten Hälfte des 18. Jahrhunderts die weißblühende Akazie (Robinia pseudoacacia) begünstigt, auf welche man die weitgehendsten Hoffnungen wegen ihrer Genügsamkeit,

Raschwüchsigkeit und guten Holzes setzte, besonders eifrig trat Fr. C. Medicus für dieselbe ein.

An Stelle der langsam wachsenden Eiche sollte die Lärche in kürzerer Zeit ein hochwertiges Nutzholz liefern. Carlowitz empfahl dieselbe bereits 1713 und seit der Mitte des 18. Jahrhunderts wurde ihr Anbau auch durch zahlreiche Verordnungen gefördert.

Außer der Akazie wurden während der ersten Hälfte des 18. Jahrhunderts über England noch verschiedene andere amerikanische Holzarten eingeführt und an verschiedenen Orten, so namentlich von Herrn von Veltheim auf seinem Gut Harbke, ferner in dem markgräflich badenschen Garten zu Karlsruhe, im landgräflich hessischen Park bei Weissenstein, dem heutigen Wilhelmshöhe, u. s. w., angebaut.

Größeren Umfang nahm der Anbau dieser Holzarten an, als durch die deutschen Hilfstruppen, welche im nordamerikanischen Freiheitskrieg gekämpft hatten, Nachrichten über die dortigen raschwüchsigen und mächtigen Waldbäume aus eigener Anschauung nach Deutschland kamen.

Besonders eifrig hat sich Wangenheim[1]), welcher als Offizier des landgräflich hessischen Feldjägerkorps in Amerika gewesen war, um die Einführung solcher Holzarten bemüht. In seinem „Beytrag zur teutschen holzgerechten Forstwissenschaft" (1787) beschreibt er nicht nur verschiedene ostamerikanische Waldbäume vortrefflich, sondern entwickelt auch in der Einleitung zu diesem Werk eine Reihe von Grundsätzen über die Naturalisation ausländischer Holzarten, welche zum großen Teil noch heute als richtig anzuerkennen sind.

Neben Wangenheim war im gleichen Sinne auch Burgsdorf[2]) thätig, welcher in Tegel bei Berlin eine Plantage solcher Holzarten angelegt hatte und von dort aus einen schwunghaften Handel mit Samen und Pflanzen fremdländischer Holzarten betrieb. Burgsdorf machte viel Reklame, verkaufte seinen Samen unverhältnismäßig

---

[1]) von Wangenheim, Friedrich Adam Julius, geb. 1749 in Sonneborn bei Gotha, gest. 1800 in Gumbinnen, wo er seit 1788 als Oberforstmeister thätig war.

[2]) von Burgsdorf, Friedrich August Ludwig, geb. 1747 zu Leipzig, kurmärkischer Oberforstmeister und Geheimrat, gest. 1802 zu Berlin.

teuer und empfahl auch verschiedene Arten, welche sich zum Anbau in Deutschland absolut nicht eignen.

Nach dem Tod von Wangenheim und Burgsdorf kam unter der Ungunst der kriegerischen Zeiten mit ihrer Finanznot die Bewegung für die Einführung fremdländischer Holzarten zum Stillstand.

Aus dieser ersten Periode der Naturalisation haben sich neben der Akazie und Lärche bloß die Weymuthskiefer und, im beschränkten Maß, die Roteiche in den Waldungen behauptet, während die Kultur der meisten übrigen Arten nur in den Anlagen und Parks fortgesetzt wurde.

Eine neue Epoche für die Naturalisationsbestrebungen begann in der Mitte der 1870er Jahre unter der Aegide des Fürsten Bismarck und des preußischen Ministers Lucius, wobei vorwiegend westamerikanische und einige japanische Arten berücksichtigt wurden. Voraussichtlich werden die dauernden Erwerbungen für den deutschen Wald nun zahlreicher und wertvoller sein als jene der früheren Periode.

§. 57. Entwicklung des Femelschlagbetriebes.

Ungleich fruchtbarer für Hebung der deutschen Waldwirtschaft als die eben geschilderten Notbehelfe des Anbaues raschwüchsiger Holzarten war die Entwicklung des Waldbaues, welche um die Mitte des 18. Jahrhunderts begann.

Fast für ein Jahrhundert ist die Richtung der Forstwirtschaft durch die Methode des Femelschlagbetriebes bestimmt worden, dessen Entwicklung daher zunächst betrachtet werden soll.

Wie S. 72 erwähnt wurde, waren um die Mitte des 18. Jahrhunderts die typischen vier Hiebsstufen: Vorbereitungshieb, Samenschlag, Lichtschlag und Abtriebsschlag bereits bekannt. Es handelte sich nunmehr zunächst darum, festzustellen, wann dieselben zu führen seien und welcher Lichtungsgrad bei jedem anzustreben sei.

Der hessen-kasselsche Oberjägermeister von Berlepsch[1]), der Büdingensche Forstmeister Hoffmann und Oberförster Brüel haben

---

[1]) von Berlepsch, Carl Friedrich Freiherr, geb. 1724 auf dem Schlosse Berlepsch a. d. Werra, zuletzt kurhessischer Staatsminister und Oberjägermeister, gest. 1790 in Kassel.

sich von 1760—1780 um die weitere Entwicklung dieser Betriebs=
form große Verdienste erworben.

Einen wichtigen Fortschritt empfahl ein Anonymus v. L. in
einem vom Jahre 1785 datierten Artikel in Moser's Forstarchiv,
Band VIII, indem dieser statt zweier Auslichtungshiebe eine **Mehrzahl** derselben je nach dem Bedürfnis des Aufschlages geführt wissen
will; die gleiche Forderung stellte der fürstlich hessische Forst=
meister Kregting in seinen „mathematischen Beiträgen zur Forst=
wissenschaft" 1788.

1792 erschien, ebenfalls anonym (C. F. W. S.), eine Schrift
„Bemerkungen über verschiedene Gegenstände der praktischen Forst=
wissenschaft", in welcher die Ansicht vertreten wurde, daß der Be=
samungsschlag erst im Samenjahr selbst, nicht, wie v. L. wollte,
vor demselben gestellt werden sollte, was namentlich in weniger ge=
schützten Lagen von hoher Bedeutung ist.

Noch wichtiger ist die Schrift von Sarauw[1]) „Beytrag zur
Bewirtschaftung buchener Holzwaldungen" 1801.

Sarauw kann als der eigentliche Begründer der modernen
Theorie des Femelschlagbetriebes betrachtet werden. Er wirtschaftete
von vornherein in Periodenschlägen, welche eine Größe von soviel
Jahresschlägen besitzen sollten, als die Samenjahre durchschnittlich
auseinander liegen, führte einen Hieb im Samenjahr und legte
eine Reihe von Auslichtungshieben, sowie unter bestimmten Ver=
hältnissen auch mehrere Vorbereitungshiebe ein, letzteres namentlich
dann, wenn Samenjahre fehlten, und die Etatserfüllung aus den
Nachhauungen nicht möglich war.

Diesen letztgenannten Autoren gegenüber stand G. L. Hartig
noch ziemlich weit zurück.

G. L. Hartig hielt streng an den althergebrachten drei Hieben
fest, welchen er allerdings zuerst die in der Litteratur allgemein an=
genommene Bezeichnung: Dunkelschlag, Lichtschlag und Abtriebsschlag
beilegte. Hartig stellte anfangs seine Besamungsschläge außerordentlich

---

[1]) Sarauw, Georg Ernst Friedrich, geb. 1779 in dem damaligen Kur=
fürstentum Hannover, gest. 1846 in Sorve (Dänemark) als Forstinspektor beim
Forstwesen der dortigen Forstakademie.

licht, indem er beim Besamungsschlag 60 Prozent der Masse heraus= nahm; im Lauf der Zeit ging er jedoch zu immer dunkleren Stellungen sowohl beim Besamungsschlag als beim Lichtschlag über. In seiner letzten Anleitung, welche in dem 1831 erschienenen Werke: „Die Forstwissenschaft nach ihrem ganzen Umfang" enthalten ist, begnügte er sich deshalb nicht mehr mit einem einzigen Lichtschlag, sondern legte unter Umständen vor dem Abtriebsschlag noch zwei weitere Lichtungshiebe ein.

Wenn Hartig auch nicht der Begründer des Femelschlagbetriebes war, als welcher er vielfach bezeichnet zu werden pflegt, so hat er sich doch um die Verbreitung desselben, und damit gleichzeitig um die Entwicklung einer geordneten Forstwirtschaft im allgemeinen, große Verdienste erworben. Er verstand es, das vielfach zerstreute Material in präziser, allgemein verständlicher und dem Bildungs= grade seiner Zeitgenossen entsprechenden Weise darzustellen, sowie die leitenden Prinzipien in Form kurzer Sätze, seiner sog. General= regeln, zusammenzufassen. Hierzu kam noch, daß ihn seine Stellung an der Spitze der Forstverwaltung verschiedener und teilweise großer Staaten (Nassau=Oranien, Württemberg und Preußen) sowie eine fast fünfzigjährige, allerdings mehrfach unterbrochene Lehrthätigkeit in die Lage versetzten, seine Ideen nicht nur in erfolgreichster Weise zu verbreiten, sondern dieselben auch in der Praxis in großartigem Maßstabe durchzuführen.

Für die Entwicklung des Femelschlagbetriebes ist neben G. L. Hartig noch besonders Heinrich von Cotta[1]) von hervor=

---

[1]) von Cotta, Heinrich, geb. am 30. Oktober 1763 zu Klein=Zillbach (Sachsen=Weimar), wo sein Vater damals Unterförster war. Außer dem praktischen Unterricht, welchen er bei seinem Vater genoß, besuchte er noch 1784 und 1785 die Universität Jena, um dort Kameralwissenschaften und Mathematik zu studieren. Schon bald unternahm er in Thüringen Flurvermessungen, wobei sich ihm seit 1786 junge Jäger anschlossen. 1789 wurde er als Forstläufer (mit 12 Thaler Jahres= gehalt!) in Zillbach angestellt, wo er 1795 mit staatlicher Genehmigung ein Forst= institut errichtete und den Titel „Wildmeister" erhielt. 1801 zum Forstmeister in Eisenach ernannt, blieb er wegen seines Forstinstituts in Zillbach wohnen. 1810 führte ihn ein Ruf als Direktor der sächsischen Forstvermessungsanstalt nach Tharand, wo Cotta auch seit 1811 forstliche Vorlesungen hielt. Sein Forstinstitut wurde 1816 zur Staatsanstalt erhoben. Als Direktor derselben und der sächsischen Forsteinrichtungs=

ragender Bedeutung gewesen. Derselbe machte im wesentlichen den gleichen Entwicklungsgang wie jener durch, indem er von sehr lichter Schlagstellung allmählich zu immer dunklerer überging. Cotta stellte auch in weiterer Ausbildung der schon von Saraum gegebenen Anleitung den Zusammenhang zwischen dem Zeitfach der Fachwerksmethode, der Periodenfläche und der Verjüngungsfläche in ein klares Licht.

Auch bei Cotta ermöglichte seine langjährige Thätigkeit als Lehrer und seine einflußreiche dienstliche Stellung in Thüringen und Sachsen, daß er für die Ausbreitung seiner Lehren erfolgreich wirken konnte. Die Schreibweise Cotta's verbindet mit Einfachheit und Klarheit ein hohes Maß Frische und Wärme, weshalb sich seine Werke, vor allem seine „Anleitung zum Waldbau" (1. Aufl. 1817), noch größerer Beliebtheit erfreuten als jene von Hartig und eine ganz außerordentliche Verbreitung erlangten.

Ihren systematischen Abschluß erhielt die Lehre des Femelschlagbetriebes durch Carl Heyer[1]), welcher die Regeln, die sich für diese Methode im Lauf der Zeit in Theorie und Praxis herausgebildet hatten, in seinem „Waldbau" (1. Aufl. 1854) mit großer Klarheit und Schärfe zusammengefaßt hat; von ihm rührt auch die Bezeichnung „Femelschlagbetrieb" her.

§. 58. Verbreitung des Femelschlagbetriebes.

Die Wiege des Femelschlagbetriebes stand in dem Hauptverbreitungsgebiet der Buche, deren Eigentümlichkeiten auch maßgebend waren für die weitere Entwicklung dieser Methode.

---

anstalt wirkte er mit dem Titel „Oberforstrat", hochgeehrt und geliebt von allen, welche ihn kannten, bis zu seinem am 25. Oktober 1844 erfolgten Tod. — Wenn auch Cotta keine Gelegenheit hatte, wie Hartig an der Spitze einer großen Forstverwaltung als Organisator zu wirken, so war doch seine Thätigkeit als Lehrer und Schriftsteller, namentlich auf dem Gebiete des Waldbaues und der Forsteinrichtung, epochemachend. Auch als Pflanzenphysiolog ist er durch seine wertvolle Untersuchung über die Bewegung und Funktion des Saftes bekannt.

[1]) Heyer, Carl Justus, Dr. phil., geb. am 9. April 1797 im Bessunger Forsthaus bei Darmstadt, Sohn des Forstmeisters Wilhelm H. Nach mehrjährigem Besuch des Gymnasiums zu Darmstadt erhielt er seine fachliche Ausbildung zuerst in der Meisterschule seines Vaters, später 1815 und 1816 auf der Universität Gießen

Obwohl der Femelschlagbetrieb zunächst nur für die Bedürfnisse dieser einzigen Holzart bestimmt war, so konnte es doch nicht ausbleiben, daß die Wirtschaftsgrundsätze, welche von den ersten Autoritäten des Faches vertreten wurden und fast 70 Jahre hindurch (1760—1830) unangefochten als der einzige Leitfaden für eine geordnete Waldbehandlung galten, allmählich auch für die Behandlung der übrigen Holzarten in Anwendung kamen.

Am leichtesten ließ sich die Tanne nach den gleichen Gesichtspunkten bewirtschaften; fast allenthalben ist daher dem reinen Plänterbetriebe bei dieser Holzart die Verjüngung im Femelschlagbetrieb gefolgt und hat sich mit einigen Modifikationen in allen größeren Tannengebieten eingebürgert, nur in Württemberg wird unter Verhältnissen, wo die Naturverjüngung weniger Erfolg verspricht, von der künstlichen Verjüngung ziemlich umfassender Gebrauch gemacht.

Verschiedene Phasen hat die Fichtenwirtschaft durchgemacht. Die bis zur Mitte des 18. Jahrhunderts übliche Betriebsform des Überhaltens von einzelnen Samenbäumen oder von Horsten, Riegeln 2c. hatte wegen der Windbruchgefahr so wenig befriedigende Resultate ergeben, daß man um 1750 zu den **schmalen Schlägen mit Randbesamung** überging (Langen 1745, Österreich ob d. Enns 1766, österreichische Vorlande 1786). Da aber unter den damaligen Verhältnissen des Wegebaues und der Forsteinrichtung die Beschaffung des nötigen Materials in vielen Angriffshieben große Schwierigkeiten bot und die Naturverjüngung oft versagte,

---

und 1817 auf der Akademie Tharand. Schon 1818 zum Verwalter des Reviers Babenhausen, 1819 zum Revierförster von Lauter mit dem Sitz in Grünberg ernannt, erfolgte 1825 seine Versetzung in gleicher Diensteigenschaft, sowie zugleich als zweiter Lehrer der Forstwissenschaft nach Gießen und 1829 die Ernennung zum Forstinspektor. Verschiedene dienstliche Unannehmlichkeiten, besonders aber auch Dissidien mit Hundeshagen, veranlaßten ihn 1831 die Verwaltung der Waldungen des Grafen Erbach-Fürstenau zu übernehmen. Erst nach Hundeshagen's Tod kehrte er 1835 als ordentlicher Professor der Forstwissenschaft und Forstmeister nach Gießen zurück, legte jedoch letztere Stelle schon 1843 nieder, um sich vollkommen der Wissenschaft und seinem Lehrberufe widmen zu können. Er starb am 24. August 1856 in Gießen. Heyer vereinigte mit gründlicher wissenschaftlicher Bildung ausgezeichnete praktische Kenntnisse und hat sich sowohl auf dem Gebiete der Ertragsregelung und des Waldbaues, als namentlich auch durch Förderung der forstlichen Statik große Verdienste erworben.

namentlich wenn der Hieb zu früh fortgesetzt wurde, so kam man um 1760 auf die Idee der **Kulissenschläge** (Verlepsch 1760 und 1786, F.-O. f. Passau 1762).

Diese Schlagform wurde von verschiedenen angesehenen Forstleuten, wie Zanthier und Trunk, vertreten und gelangte gegen das Ende des 18. Jahrhunderts in mehreren größeren Fichtengebieten zur Anwendung (z. B. Fichtelgebirg, in Württemberg wurden sie 1818 vorgeschrieben). Wegen der damit verbundenen Schattenseiten wurde aber diese Methode meist bald wieder verlassen, und machte man nunmehr in größerem Umfang Versuche, die Fichte ebenfalls im **Dunkelschlag** zu verjüngen.

Die Windbruchgefahr verhinderte indessen eine allgemeine Anwendung dieses Verfahrens und selbst Hartig empfahl deshalb 1808 im Gebirge nicht nur Kahlschlag und Besamung vom stehenden Ort, sondern zog unter Umständen sogar den künstlichen Anbau derselben vor.

Die Verjüngung der Fichte in schmalen Kahlschlägen mit Randbesamung, späterhin auf künstlichem Weg, gewann daher schon seit den ersten Dezennien des 19. Jahrhunderts immer weitere Verbreitung. Nur in einzelnen Fichtengebieten (Fichtelgebirg) suchte man durch ein sehr reichliches Überhalten von Samenbäumen (**Halbdunkelschlagstellung**) die Naturbesamung zu sichern; in neuerer Zeit soll durch ziemlich dunkle Schlagstellung in Verbindung mit künstlicher Untersaat allen Verhältnissen und Wünschen, welche bei Verjüngung der Fichte in Betracht kommen, entsprochen werden.

Am bezeichnendsten für die hohe Anerkennung, welcher sich der Femelschlagbetrieb allgemein zu erfreuen hatte, ist der Umstand, daß er auch bei der Verjüngung der **Kiefer** in Norddeutschland ausgebreitete Verwendung fand.

Die ältesten preußischen Verordnungen von 1764 und 1780 hatten für die Kiefer, ganz nach Art der Fichte, 70—80 m breite Kahlschläge und Besamung vom stehenden Ort in Aussicht genommen.

Bevor aber diese Vorschrift allgemeiner durchgeführt werden konnte, erschien, wohl hauptsächlich auf Veranlassung von Burgsdorf, 1787 eine neue Bestimmung, durch welche Dunkelschlag mit durchschnittlich siebenjähriger Verjüngungsdauer angeordnet wurde.

Man suchte hierbei durch fortwährendes Behüten, solange kein Samenjahr eintrat, sowie eventuell durch Behacken den Boden wund zu erhalten und half auf den Fehlstellen durch Handsaat nach.

Schon 1796 wurde eine erheblich lichtere Schlagstellung mit nur 40 Samenbäumen pro ha und dreijährige Verjüngungsdauer vorgeschrieben, Oberforstmeister von Kropff[1]) wollte gar nur 20 tiefbeastete Stämme belassen.

Alle diese Bestimmungen gelangten jedoch in der Praxis nur in sehr beschränktem Maße zur Durchführung, der Plänterbetrieb oder ein ihm nahestehender Dunkelschlag blieb bis gegen 1820 fast allgemein herrschend.

Als G. L. Hartig an die Spitze der preußischen Forstverwaltung getreten war, brachte er die Regeln des Femelschlagbetriebes hier auch bei der Kiefer zur Anwendung. Die Instruktion von 1814 ordnete die Belassung von etwa 100 Samenbäumen pro ha an, welche solange stehen bleiben sollten, bis der Aufflug ungefähr 30 cm hoch geworden war, dann folgte sofort die gänzliche Räumung.

Nach Wiederherstellung geordneter Zustände in der Staatsverwaltung wurden diese Regeln für die Verjüngung der Kiefer, etwa seit 1820, in den großen ost- und westpreußischen Forsten aber erst seit 1830, allgemein üblich, mit der Abweichung, daß die Entfernung der Samenbäume meist nicht auf einmal, sondern in mehreren Hiebstufen erfolgte, ganz nach Art der Buchenverjüngung.

Pfeil[2]) vertrat um 1816 die gleichen Ansichten und wollte auf leichtem sandigen Boden an Südhängen sogar noch eine dunklere Stellung als Hartig.

---

[1]) von Kropff, Karl Philipp, geb. um 1745 in Kattenstedt, gest. 1820 in Potsdam, war von 1780 bis 1786 geheimer Rat im Forstdepartement des Generaldirektoriums und Chef des Vermessungs- und Abschätzungswesens im ganzen preußischen Staate excl. Schlesien, von 1786 ab erster kurmärkischer Oberforstmeister in Potsdam.

[2]) Pfeil, Friedrich Wilhelm Leopold, Dr. phil., geb. am 28. März 1783 in Rammelsburg am Harz, Sohn eines freiherrl. Justizamtmannes, besuchte 1797 bis 1801 das Gymnasium, wandte sich aber nach dem Tode seines Vaters dem Forstfache zu. 1801 trat er als Jägerbursche in die Forst- und Jagdlehre zu Königinhof, später zu Thale. Nach beendigter Lehrzeit war Pfeil 1804 zuerst kurländischer Forstassistent, sodann seit 1806 unter sehr dürftigen Verhältnissen Förster zu Kleinitz in Oberschlesien. Nach thätiger Teilnahme an den Befreiungskriegen

§ 59. Kahlschlag.

Bei der Würdigung der Umgestaltung des Waldbaues zu Beginn des 19. Jahrhunderts ist zunächst hervorzuheben, daß zu Ende des 18. Jahrhunderts das Zeitalter der Forstordnungen überwunden war. Eine weitere Entwickelung der Forstwirtschaft wurde nur dann ermöglicht, wenn sich nicht wie bisher bloß einzelne hervorragende Persönlichkeiten hieran beteiligten, sondern wenn für alle wirtschaftende Beamten eine solide Basis und ein gewisses Minimum von technischen Kenntnissen erreicht war. Hierzu bedurfte es einerseits der Aufstellung von einfachen Wirtschaftsgrundsätzen, welche mit praktischer Brauchbarkeit wissenschaftliche Schärfe und klare Ausformung des ihnen zu Grunde liegenden Gedankens verbanden, andererseits mußte durch die Autorität maßgebender Persönlichkeiten dafür gesorgt werden, daß diese Schablone auch in der Praxis wirklich zur Anwendung kam.

Beides traf bei Hauptvertretern des Femelschlagbetriebes, bei G. L. Hartig und H. Cotta, zu, und hierin liegt auch ihre hohe Bedeutung für die Verbreitung einer geordneten Forstwirtschaft.

So sehr aber auch dieses Verdienst anzuerkennen ist, so darf doch andererseits nicht übersehen werden, daß die allgemeine und strenge Durchführung der genannten Regeln ohne Rücksicht auf die Holzart und den Standort auch schwere Mißstände mit sich brachte. Die Verdrängung jedes Mischwuchses, namentlich der Eiche in den Buchenbeständen, ist wesentlich eine Folge der starren Anwendung dieses Prinzips.

---

als Hauptmann der schlesischen Landwehr wurde er 1816 fürstl. Carolath'scher Forstmeister in Carolath. Durch Hartig's Verwendung erfolgte 1821 die Berufung Pfeil's als Oberforstrat und Professor an die Universität Berlin. Schon nach kurzer Zeit fühlte sich jedoch Pfeil dort nicht mehr behaglich, teils weil er als Autodidakt in den den Universitätskreisen nicht heimisch werden konnte, teils auch weil es zwei energischen Naturen mit so verschiedenen Anschauungen wie Pfeil und Hartig auf die Dauer nicht möglich war, ersprießlich zusammenzuwirken. Es gelang den Bemühungen Pfeil's 1830 die Gründung einer Forstakademie in Eberswalde durchzusetzen, als deren Direktor er bis zu der kurz vor seinem Tode (7. Oktober 1859) erfolgten Pensionierung thätig war. Pfeil war praktisch außerordentlich vielseitig erfahren, ein klarer Kopf, und strebte namentlich nach Überwindung der Schulregel; leider fehlte ihm eine gründliche mathematische und naturwissenschaftliche Bildung. Als Schriftsteller war er ungemein produktiv und ist besonders bekannt als Kritiker.

Die Generalisierung der in erster Linie nur für die Buche zutreffenden Regeln muß als ein großer Fehler betrachtet werden, dessen Folgen zuerst bei jener Holzart hervortraten, welche sich am wenigsten für den Femelschlagbetrieb eignet, nämlich bei der Kiefer. Hier begann deshalb auch die Opposition gegen die zuweitgehende Anwendung dieser Verjüngungsmethode.

Vor allem war es Pfeil, welcher in seinem 1829 erschienenen „forstlichen Verhalten der deutschen Waldbäume" die Dunkelschlagstellung bei der Kiefer verwarf und zunächst für einen lichten Samenschlag, sowie schon wenige Jahre später für Kahlschlag mit künstlicher Verjüngung eintrat. Letztere sollte ursprünglich durch Saat erfolgen, seit 1840 verwendete Pfeil zu diesem Zweck fast ausschließlich Kiefernjährlingspflanzung.

Obwohl Pfeil dieses Verfahren ausgebildet hat, so empfahl er dasselbe doch nie als Universalmittel, sondern sagte noch in den letzten Jahren seines Lebens ausdrücklich, daß unter bestimmten Voraussetzungen auch bei der Kiefer die Naturverjüngungen beizubehalten und ebenso in anderen Fällen die Saat der Pflanzung vorzuziehen sei.

In der Praxis ist man allerdings etwa seit fünfzig Jahren in den norddeutschen Kiefernforsten allmählich fast ausnahmslos zum Kahlschlagbetrieb übergegangen, welcher abgesehen von seinen waldbaulichen Vorzügen sich auch in wirtschaftlicher Beziehung durch Übersichtlichkeit und Einfachheit empfahl.

Allein auch diese Methode hat nicht allen Erwartungen entsprochen, welche man von ihr hegte.

Die Schattenseite der Verdrängung jeden Mischwuchses ist bei ihr noch schärfer ausgeprägt als beim Femelschlagbetrieb, Frostschäden und Dürre gefährden die Kulturen, die ungeheure Ausdehnung gleichalter reiner Bestände bietet den Angriffen des Windes, Feuers und der Insekten ein riesiges Objekt, und der Engerlingsfraß hat sich im Laufe der Zeit zu einer wahren Kalamität entwickelt.

Unter diesen Umständen konnte eine Reaktion gegen die übertriebene Anwendung beider Hauptwirtschaftsformen nicht ausbleiben, welche von zwei Seiten ausging.

Die Bodenreinertragslehre griff dieselben wegen ihrer schlechten finanziellen Erfolge an, während andererseits auch die Praxis den verschiedenen Mißständen gegenüber nicht unthätig blieb.

Erziehung gemischter Bestände, standortsgemäße und holzartengerechte Wirtschaft sind die Losungsworte der neueren Richtung des Waldbaus, welche sich bemüht, sowohl den finanziellen, als auch den technischen Anforderungen, die an die Forstwirtschaft gestellt werden, zu genügen.

Als Hauptvertreter dieser Richtung sind namentlich Burckhardt[1]) und Gayer zu nennen.

§ 60. Sonstige waldbauliche Formen.

Neben den bisher besprochenen Hauptbetriebsarten haben sich im 19. Jahrhundert noch andere Methoden der Waldbehandlung entwickelt, welche aber meist nur lokale Bedeutung zu erlangen vermochten.

Als historisch oder wirtschaftlich besonders bemerkenswert dürften folgende Formen anzuführen sein:

1. Der Hochwaldkonservationshieb, d. h. die vorüber= gehende Behandlung ungleichaltriger Buchenwaldungen als Nieder= wald bezw. Mittelwald, wurde von G. L. Hartig in der Absicht empfohlen, dem Mangel an haubarem Holz abzuhelfen. Diese Betriebsweise wurde von seinem Bruder Ernst Friedrich Hartig[2]) bei Bewirtschaftung der fuldaischen Forsten, namentlich im Revier Flieden, eingeführt, jedoch mit sehr ungünstigem Erfolg. Die alten Stöcke schlugen meist nicht mehr aus, der arme Buntsandsteinboden verheidete rasch und die ausgedehnten Ödflächen konnten nur mit Nadelholz wieder aufgeforstet werden.

---

[1]) Burckhardt, Heinrich Christian, Dr. jur. et. oec. publ. in Abelebsen, geb. 1811, gest. 1879 in Hannover, trat 1849 als forsttechnisches Mitglied bei der Domänenkammer in Hannover ein, wurde dort Forstrat, Oberforstrat und endlich Forstdirektor, als solcher blieb er auch nach der Besitzergreifung Hannovers durch Preußen bei der Finanzdirektion zu Hannover thätig.

[2]) Hartig, Ernst Friedrich, geb. 1773 in Gladenbach, gest. 1843 in Fulda, seit 1822 kurhessischer Oberlandforstmeister in Kassel, 1841 pensioniert.

2. **Der modifizierte Buchenhochwald.** Mangel an Altholz infolge der Überlastung mit Servituten veranlaßte den Forstinspektionschef von Seebach[1]) in Uslar, bei Bewirtschaftung der Sollingsforsten seit 1830 von der schon durch Zanthier[2]), Paulsen[3]), Sarauw und Hoßfeld[4]) gemachten Beobachtung, daß die Massenproduktion der Buchenbestände durch starke Durchforstungen und Lichtungshiebe erheblich gesteigert werden könne, umfassenden Gebrauch zu machen. 70—80jährige Buchenbestände wurden so stark gelichtet, daß sich eine natürliche Verjüngung einstellte. Diese sollte jedoch nur als Bodenschutzholz dienen und durch den nach 30—40 Jahren wieder eingetretenen Schluß des Altbestandes zum Absterben gebracht werden, worauf alsdann die regelmäßige Verjüngung in gewöhnlicher Weise eingeleitet wird.

Der modifizierte Buchenhochwald hat sich, allerdings nur in beschränktem Umfang, am Solling bis zur Gegenwart erhalten, eignet sich aber nur für bessere Standorte.

3. **Kompositionsbetrieb (doppelaltriger Hochwald).** Um die Gefahr der Verdrängung der Eiche durch die Buche im Femelschlagbetrieb zu vermeiden, wurde in den Wirtschaftsgrundlagen für die erste Forsteinrichtung des Spessarts 1835 festgesetzt, daß die Mischung beider Holzarten nicht einzelständig, sondern horstweise erfolgen solle, weiter sollten aber die Eichen zur Erziehung von hochwertigem Starkholz das doppelte Alter der Buchen erreichen. Zu ähnlichen Gesichtspunkten gelangte man im Jahre 1843 bei Beratung der Wirtschaftsregeln für den Pfälzerwald.

Diese Vorschriften haben sich gut bewährt und sind, entsprechend weitergebildet, nicht nur heute noch maßgebend für die Bewirtschaftung der gemischten Laubholzbestände im Spessart und Pfälzerwald, sondern

---

[1]) von Seebach, Christian, geb. 1793 in Hannover, gest. 1865 als Oberforstmeister zu Uslar.

[2]) Grundriß der praktischen Forstwissenschaft in: Stahl, Forstmagazin 4. Bd. S. 68 und 90.

[3]) Paulsen, Johann Christian, geb. 1748 in Uslar, fürstl. lippescher Oberförster, gest. 1825 zu Nassengrund bei Blomberg.

[4]) Hoßfeld, Johann Wilhelm, geb. 1768 in Opfershausen, seit 1801 Lehrer der Forstmathematik an der Forstakademie zu Dreißigacker, wo er 1837 starb.

haben schon seit längerer Zeit in Süddeutschland nicht nur für die Bewirtschaftung der Eiche und Buche, sondern auch für jene anderer Holzarten weitere Verbreitung erlangt.

4. **Waldfeldbau.** Nach den Hungerjahren 1816 und 1817 trat der schon im 18. Jahrhundert geübte Waldfeldbau mehr in den Vordergrund und wurde namentlich von Cotta warm empfohlen. Nach den Anleitungen, welche in seiner 1819 erschienenen „Baumfeldwirtschaft" enthalten sind, sollten die Kahlschlagflächen einige Jahre zum Fruchtbau verwendet, dann in weitem Verband (3—12 m) mit Holzgewächsen bepflanzt und die landwirtschaftliche Zwischennutzung (Getreide, später Graswirtschaft und schließlich Weide) so lange fortgesetzt werden, bis der Bestandesschluß erreicht ist.

Die Cotta'sche Baumfeldwirtschaft wurde von vielen Seiten, namentlich von **Pfeil, Hundeshagen**[1]), **Wedekind**[2]), **Klipstein**[3]) u. a. lebhaft angegriffen.

---

[1]) **Hundeshagen, Johann Christian,** Dr. phil., geb. am 10. August 1873 in Hanau, Sohn eines hessen-kasselschen Regierungsrates, besuchte zuerst das Gymnasium seiner Vaterstadt, absolvierte 1800—1802 die Forstpraxis zu Sterbfritz, studierte 1802—1804 an der Forstlehranstalt Walbau und 1804—1806 an der Universität Heidelberg. Nach glänzend bestandenem Staatsexamen wurde er nach zweijähriger Thätigkeit als Accessist und Verwalter des Meißner Distriktes 1808 Revierförster in Friedewalde. 1818 wurde Hundeshagen als Professor der Forstwissenschaft nach Tübingen berufen, kehrte aber bereits 1821 als Forstmeister und Direktor der Forstlehranstalt nach Fulda zurück, von wo er schon 1824 wieder mit dem Titel Oberforstrat als Professor und Direktor einer noch zu gründenden Forstlehranstalt nach Gießen übersiedelte. Verschiedene unangenehme Verhältnisse, welche ihm infolge seines leidenden Zustandes doppelt peinlich waren, gaben die Veranlassung, 1831 die Direktion der Forstlehranstalt niederzulegen und deren Vereinigung mit der Universität zu beantragen. Er starb am 10. Februar 1834 in Gießen. Die wissenschaftliche Thätigkeit Hundeshagen's unterscheidet sich wesentlich von jener Hartig's und Cotta's, indem er weniger der praktischen als der spekulativen Richtung huldigte, als deren erster Vertreter er betrachtet werden kann. Er ist der Begründer einer Formelmethode und Schöpfer der Forststatik.

[2]) **von Wedekind, Georg Wilhelm, Freiherr,** geb. 1796 in Straßburg, großh. hessischer Oberforstrat, gest. 1856 in Darmstadt.

[3]) **von Klipstein, Philipp Engel,** Dr. phil. h. c., geb. 1777 auf dem Königsstädter Forsthause bei Darmstadt, Präsident der großh. hessischen Oberforstdirektion, gest. 1866 in Darmstadt.

Wenn sich dieses Verfahren auch nicht allgemein einzubürgern vermochte, so hat es sich doch unter bestimmten Verhältnissen, namentlich in dicht bevölkerten Gegenden mit ungenügender Ackerfläche, sowie unter Bodenverhältnissen, welche für die Kultur eine sehr intensive Bearbeitung erfordern, als Mittel zur billigen Bestandesbegründung gut bewährt.

Eine höchst eigentümliche Übertreibung der Cotta'schen Ideen hinsichtlich der Verbindung von Feldbau mit Forstwirtschaft, sowie von dessen Durchforstungsprinzipien stellt die Waldfeldwirtschaft des Forstraths Liebich[1]) in Prag und seiner Anhänger, der sog. Prager Schule dar. Liebig wollte sehr lichte Erziehung der Bestände, langdauernde landwirtschaftliche Vor- und Zwischennutzung, sowie Streunutzung.

5. Der Vollständigkeit wegen ist hier auch noch der Wagener'sche Lichtwuchsbetrieb zu nennen, durch welchen große Mengen der im Handel am meisten begehrten Sortimente in kürzester Zeit erzogen werden sollen.

§ 61. Künstliche Verjüngung.

Während der zweiten Hälfte des 18. Jahrhunderts machte auch die künstliche Bestandesbegründung anerkennenswerte Fortschritte und wurde schon mehrfach im großen Betrieb regelmäßig angewendet.

Unter den Laubhölzern war es nach wie vor die Eiche, deren Kultur auf dem Wege der Heisterpflanzung und der Saat eifrig befördert wurde. Allein auch die Nadelholzkulturen kamen immer mehr in Aufnahme, sie wurden allerdings, mit Ausnahme der Fichte, weniger zur Verjüngung bereits vorhandener Nadelholzbestände als zur Aufforstung der rückgängigen Laubholzbestände, sowie größerer Ödländereien und Blößen benutzt.

Für die große Ausdehnung dieser Kulturen spricht u. a. namentlich auch der bedeutende Umfang, welchen der Samenhandel bereits gegen Ende des 16. Jahrhunderts erreicht hatte. Verdienten doch

---

[1]) Liebich, Christoph, geb. 1783 in Falkenberg, gest. 1874 in Prag, als Dozent am dortigen Polytechnikum.

im Jahre 1788 allein die Bürger von Griesheim bei Darmstadt durch Lieferung von Kiefernsamen 8000 fl.!

Als Kulturmethode war zu Ende des 18. Jahrhunderts noch weitaus am meisten die Saat üblich, indessen fand auch die Pflanzung nicht nur bei Eichen, sondern auch beim Nadelholz hie und da in größerem Umfang Anwendung, so wurden am Harz seit 1750 ausgedehnte Fichtenpflanzungen ausgeführt und 1779 in Preußen Kiefernpflanzungen mittels des Hohlspatens empfohlen. Das dabei benutzte Material scheint fast ausschließlich aus natürlichem Anflug entnommen worden zu sein. Gegen das Ende des 18. Jahrhunderts kam sowohl in Thüringen als am Harz die Fichtenbüschelpflanzung in Aufnahme.

Die Verbreitung des Femelschlagbetriebes zu Anfang des 19. Jahrhunderts hatte zur Folge, daß nunmehr die Verjüngung der Schläge wieder vorwiegend auf dem Wege der Naturbesamung erstrebt wurde und die künstliche Verjüngung in der Hauptsache nur zur Aufforstung von Ödländereien sowie höchstens zur Ausfüllung der schließlich in den Schlägen verbliebenen Lücken diente. Die schlechten finanziellen Verhältnisse infolge der französischen Kriege begünstigten diese Richtung sehr, da Kulturgelder nur äußerst spärlich gewährt werden konnten.

Bloß bei der Fichte behauptete sich die künstliche Verjüngung auch während dieser Zeit in größerem Maßstabe. Im Interesse der Billigkeit überstreute man die Schläge ohne oder doch bei nur höchst dürftiger Bodenbearbeitung mit allerdings unverhältnismäßig großen Mengen selbst gewonnenen Samens oder verwendete die aus den Beständen entnommenen Pflanzbüschel.

Erst etwa seit 1830 begann eine raschere Entwicklung der Kulturtechnik und gelangte die künstliche Bestandesbegründung im Forstbetrieb im größeren Umfang zur Anwendung.

Der sich um diese Zeit entwickelnde Kahlschlagbetrieb erforderte ein einfaches und sicheres Mittel zur Verjüngung der Kiefer. Als solches schlug zuerst Pfeil im Jahre 1833 ballenlose Kiefernjährlinge vor, welche in gut bearbeiteten Saatbeeten erzogen werden sollten. Die Idee, ballenlose jüngere (2—4jährige) Kiefern zu verwenden, rührte von Hartig (um 1830) her, doch benutzte dieser immer noch Wildlingspflanzen.

Nach letzterer Methode wurden in den dreißiger Jahren ziemlich umfangreiche Anlagen ausgeführt, allein mit schlechtem Erfolg; erst unter Benutzung der Kiefernjährlingspflanzung konnte seit 1840 der Kahlschlag in den norddeutschen Kiefernforsten allmählich die gegenwärtige Verbreitung erlangen.

Die Erfindungen neuer Kulturmethoden folgten nunmehr rasch aufeinander.

Karl Heyer hatte bereits 1823 den schon früher bekannten Hohlbohrer erheblich verbessert und mit demselben umfangreiche Ödlandkulturen ausgeführt.

Alemann[1]) vervollkommnete den durch v. Reck gemachten Vorschlag mittels des Klemmspatens in Pflugfurchen zu pflanzen.

Für die Erziehung guten Pflanzenmaterials in sorgfältig bearbeiteten und mit Rasenasche gedüngten Saatbeeten haben sich der bayerische Forstmeister Winneberger[2]) zu Passau und der preußische Oberförster Biermans[3]) um 1840 Verdienste erworben.

Wesentlich auf Vereinfachung des Kulturverfahrens war die vom Kammerherrn von Buttlar[4]) seit 1845 ausgebildete Methode gerichtet.

Eine Verfeinerung der schon seit Anfang des 18. Jahrhunderts bekannten sowie u. a. auch von Cotta und Winneberger empfohlenen Methode ist die von Freiherr von Manteuffel weiter ausgebildete und gewöhnlich nach ihm benannte Methode der Hügelpflanzung.

---

[1]) von Alemann, Friedrich Adolf, geb. 1797 auf dem Gute Bennecenbeck bei Magdeburg, verwaltete 1829—1872 die Oberförsterei Altenplathow und starb 1884 zu Genthin.

[2]) Winneberger, Johann Ludwig, geb. 1794 in Wallerstein, gest. 1860 als Regierungs- und Kreisforstrat zu Regensburg.

[3]) Biermans, Cornel Joseph, geb. 1800 zu Aachen, gest. 1880 ebendaselbst.

[4]) von Buttlar, Rudolf, Freiherr, geb. 1802 in Kassel, gest. 1875 in Elberberg bei Fritzlar.

[5]) von Manteuffel, Hans Ernst, Freiherr, geb. 1799 in Konig (Niederlausitz), gest. 1872 als Oberforstmeister zu Kolbitz.

Die Büschelpflanzung der Fichte kam allmählich auch in anderen Waldgebieten zur Anwendung, ist aber in der letzten Dezennien durch bessere Methoden, namentlich durch die Anwendung verschulter Pflanzen fast vollkommen verdrängt worden.

Außer den genannten sind während der letzten 50 Jahre noch zahlreiche andere Kulturmethoden erfunden und empfohlen worden, welche häufig nur unwesentliche Modifikationen älterer Verfahren darstellen und fast sämtlich nur beschränkte Verbreitung erlangt haben.

§ 62. Bestandespflege.

Wenn auch im 18. Jahrhundert eine allgemeine Einführung des Durchforstungsbetriebes nicht erfolgte, so ist doch anzuerkennen, daß wenigstens die Erkenntnis von der Bedeutung dieser Maßregel für die Bestandespflege in immer weitere Kreise drang.

Wie Langen so empfahlen auch Zanthier und Oettelt die Durchforstungen, ersterer wollte während der Umtriebszeit deren mindestens zwei (im 30. bis 40. und im 50. Jahr beim Nadelholz, bez. im 45. und 80. bis 90. Jahr beim Laubholz) geführt wissen, letzterer stellte bereits Berechnungen über ihren Ertrag an.

In Sachsen hoffte man mittels der Durchforstungen die Schneebruchsbeschädigungen zu vermindern, Brocke[1]) und Leubert bezeichneten die Durchforstungen als ein Mittel, das Wachstum der Bestände zu befördern.

G. L. Hartig[2]) war der erste, welcher für die Bestandespflege mittelst Durchforstungen eine systematische Anleitung erteilte, von ihm rührt auch der Ausdruck „Durchforstung" her.

Hartig wollte beim Laubholz zwischen dem 20. bis 40. Jahr eine erste und im 60. bis 70. Jahr eine zweite Durchforstung ausgeführt wissen, auf gutem Boden sollte im 80. Jahr noch eine dritte Durchforstung folgen und dann im 100. oder 110. Jahr der Dunkelschlag eingelegt werden, während auf schlechtem Boden schon im 70. bis 80. Jahr die Verjüngung eingeleitet werden sollte.

---

[1]) von Brocke, Heinrich Christian, geb. 1713 in Blankenburg, fürstl. braunschw.-lüneburgischer Regierungsrat, gest. 1778 in Braunschweig.

[2]) Die zweite und dritte Durchforstung wurden von Hartig ursprünglich: Plänterschlag und Durchplänterung genannt, wohl die Veranlassung zur Borggreve'schen Bezeichnung „Plänterdurchforstung"!

Für das Nadelholz schrieb Hartig bereits im 20. bis 30. Jahr die erste Durchforstung vor, welche so oft wiederholt werden sollte, als dünnes und unterdrücktes Holz vorhanden sei.

Grundsatz bei allen Durchforstungen war nach Hartig, daß der Kronenschluß stets erhalten bleiben müsse, sowie daß nur das dürre und unterdrückte Holz entfernt werden dürfe.

Den ersten Versuch zu einer naturwissenschaftlichen Begründung des Nutzens der Durchforstungen machte Späth[1]) in seiner 1802 erschienenen Schrift „Abhandlungen über die periodischen Durchforstungen", indem er sagte, daß der Boden die sämtlichen vorhandenen Baum-Individuen nicht zu ernähren vermöge. An die Ideen von Späth lehnt sich auch die Motivierung Cotta's an, welcher den Kampf um die Nahrung als die Veranlassung der Durchforstungen bezeichnete.

Cotta wollte anfangs ebenso schwache Durchforstungen wie Hartig, in der dritten Auflage seiner „Anweisung zum Waldbau" 1821 ging er jedoch zum entgegengesetzten Extrem über und sagte, daß es nach Abschluß der gefährlichen Jugendperiode zu einem eigentlichen Kampf zwischen den einzelnen Individuen überhaupt nicht mehr kommen dürfe. Cotta erkannte aber an, daß diese Vorschriften in der Praxis nur selten durchführbar sein würden, und wollte sich deshalb mit mäßigen, oft wiederholten Durchforstungen begnügen.

Noch schärfere Durchforstungen als Cotta wollten André[2]) und Liebich, während die übrigen Autoren meist eine vermittelnde Stellung einnahmen, Pfeil vertrat auch hier den Grundsatz, daß man nicht generalisieren dürfe, sondern nach den Bedürfnissen von Holzart und Standort verfahren müsse.

Die bekannte und lange als allgemein gültig anerkannte Vorschrift für Durchforstungen: früh, oft und mäßig, rührt von C. Heyer her.

König[3]) war der erste, welcher auf die hohe Bedeutung der Durchforstungen für die Rentabilität der Wirtschaft durch Hebung

---

[1]) Späth, Johann Leonhard, Dr. phil., geb. 1759 in Augsburg, gest. 1842 als Professor der Mathematik an der Universität München.

[2]) André, Emil, geb. 1790 in Schnepfenthal, gest. 1869 in Kisber (Ungarn).

[3]) König, Gottlob, Dr. phil. h. c., geb. am 18. Juli 1776 zu Hardisleben (Sachsen-Weimar), Sohn eines Amtsschreibers. König erhielt seine forstliche Ausbildung bei seinem nachmaligen Schwager, dem damaligen Förster Heinrich Cotta.

des „Mehrungsprozentes" hingewiesen hat, ein Gesichtspunkt, welcher von Preßler[1]) weiter ausgeführt wurde.

Die Notwendigkeit systematischer Versuche über den Einfluß der Durchforstungen wurde zuerst von Ernst Friedrich Hartig 1825 und Zamminer[2]) 1828 betont, Grabner[3]), von Berg[4]) und von Pannewitz[5]) beschäftigten sich eifrig mit derartigen Versuchen, allein die größeren Untersuchungsreihen wurden doch erst 1856 in Braunschweig, sowie 1860 in Sachsen begonnen und von den forstlichen Versuchsanstalten weiter geführt.

In der Praxis dauerte es ziemlich lange, bis ein rationeller Durchforstungsbetrieb allgemein angewendet wurde.

Die Anregung, den Zuwachs mittels stärkerer Durchforstungen und Lichtungshiebe zu fördern, reicht, wie bereits

---

zu Zillbach, von 1794—1796. Nachdem er von 1797 an unter dem Forstmeister Oettelt als Forstgehilfe verwendet worden war, ging König 1800 auf Urlaub, um das preußische Forsteinrichtungswesen kennen zu lernen. Nach seiner Rückkehr wurde er 1802 als Oberjäger in Zillbach angestellt und erteilte seit 1803 Unterricht in der Geometrie am dortigen Forstinstitut. 1805 erfolgte seine Beförderung zum Förster in Ruhla, 1813 zum Oberförster, 1819 zum Forstrat, 1821 wurde er auch Vorstand der neuerrichteten Forsttaxationskommission. Schon bald nach seiner Niederlassung in Ruhla nahm er junge Leute in die Lehre und errichtete nach seines Schwagers Cotta Berufung nach Tharand daselbst eine forstliche Meisterschule, 1829 wurde er zum Mitglied des Oberforstamtes in Eisenach ernannt und zugleich seine Meisterschule als Staatsanstalt ebenfalls dorthin verlegt. Sein Tod erfolgte am 22. Oktober 1849. Die besten Leistungen Königs sind auf dem Felde der Forstmathematik und Statik zu verzeichnen, wo er der unmittelbare Vorläufer unserer modernen Schule ist. Später war er auch auf dem Gebiete der Forstnaturkunde thätig.

[1]) Preßler, Max Robert, Dr. phil. h. c., geb. 1815 zu Dresden, seit 1840 Professor der Forstmathematik zu Tharand, gest. 1886.

[2]) Zamminer, Johannes, geb. 1786 auf dem Forsthause Kiliansherberge (Vogelsberg), gest. 1856 als geh. Oberforstrat zu Darmstadt.

[3]) Grabner, Leopold, geb. 1802 zu Breitenfurt, gest. 1864 zu Wien, war 1833—1847 Professor zu Mariabrunn, alsdann Chef der fürstl. Lichtenstein'schen Forstverwaltung.

[4]) von Berg, Karl Heinrich Edmund, Freiherr, Dr. phil., geb. 1800 in Göttingen, 1845—1866 Direktor der Forstakademie Tharand, gest. 1874 in Schandau.

[5]) von Pannewitz, Julius, geb. 1788 in Nieder-Buchwald, war 1817 bis 1857 Oberforstmeister zu Mariemwerder, Oppeln und Breslau, gest. 1867 zu Breslau.

oben (S. 126) bemerkt wurde, fast bis zur Mitte des 18. Jahrhunderts zurück, allein, wenn man vom mobifizierten Buchenhochwald absieht, so ist diese Operation doch erst seit 1850 mehr in Betracht gezogen worden. Vor allem müssen in Deutschland Jäger aus Laasphe und in Österreich Grabner, sowie der fürstlich Starhembergsche Forstmeister Weiser als Pioniere des Lichtwuchsbetriebes genannt werden, welcher dann durch Wagener, Borggreve und Kraft in die Reihe der heute noch schwebenden Tagesfragen gerückt worden ist.

Die rationelle Pflege der Waldbodengüte, des Waldwuchses und der Waldschönheit ist zuerst durch Königs „Waldpflege" (1. Aufl. 1849) angeregt worden.

Die Erziehung hochwertiger Nutzholzschäfte durch zweckmäßige Aufastung war allerdings schon zu Ende des Mittelalters bekannt und in der Praxis üblich, allein diese Manipulation ist doch im Lauf der Zeit, namentlich seit der Ausbildung des schulgerechten Hochwaldbetriebes, in Vergessenheit geraten; erst seit 1850 gelangt dieselbe wieder in größerem Maßstabe zur Anwendung.

Courval und des Cars in Frankreich und Theodor Hartig[1], Alers und Nördlinger in Deutschland haben durch Versuche und in der Litteratur diesen Gegenstand gefördert; von Göppert und R. Hartig sind die nötigen pflanzenphysiologischen Grundlagen für die weitere Entwickelung dieser Methode geschaffen worden.

§ 63. Das Massenfachwerk.

Wie für den Waldbau, so begann auch für die Betriebsregulierung eine raschere Entfaltung erst um die Mitte des 18. Jahrhunderts und zwar gleichzeitig sowohl auf dem Gebiete der Massenteilung, wie auf jenem der Flächenteilung.

Bereits seit der Mitte des 16. Jahrhunderts war die Bewirtschaftung großer Waldungen auf Grundlage der Masse eingerichtet

---

[1] Hartig, Theodor, Dr. phil., geb. 1805 in Dillenburg, gest. 1880 in Braunschweig, wo er von 1838 bis 1878 als Professor der Forstwissenschaft am Collegium Carolinum gewirkt hat.

Entwicklung des Massenfachwerkes. 135

worden. Während der ersten Hälfte des 18. Jahrhunderts hatte dieses Verfahren zwar durch die Einführung kleinerer Wirtschafts=
einheiten einen erheblichen Fortschritt gemacht, allein dasselbe war doch immerhin noch recht mangelhaft.

Neben der rohen Massenermittelung durch Okulartaxation und äußerst summarischen Zuwachsschätzung litt dasselbe noch an zwei wesentlichen Fehlern, nämlich an dem Mangel einer rationellen Begründung des Abnutzungssatzes einerseits und der systema=
tischen Verteilung der Bestände und Erträge über die Um=
triebszeit andererseits.

Der erste, welcher den Versuch einer speziellen Massenermittelung sowie einer Zuwachsberechnung machte, war Johann Gottlieb Beck=
mann. Derselbe suchte seit 1743 durch ein ziemlich unbehilfliches Verfahren den gegenwärtigen Holzvorrat zu ermitteln und addierte zu diesem den Zuwachs, welcher nach drei Abstufungen zu 2½, 2 und 1 Prozent angenommen wurde.

Hierauf berechnete Beckmann in sehr umständlicher Weise, für wie viele Jahre Vorrat und Zuwachs zur Deckung eines nicht näher motivierten Abnutzungssatzes ausreichen würden.

Letzterer wurde wohl allenthalben rein gutachtlich unter Berück=
sichtigung des Bedarfes einerseits und des Waldzustandes anderer=
seits festgesetzt.

Die Lösung der Aufgabe, den Abnutzungssatz nach Maßgabe des Vorrates und Zuwachses zu finden, wurde alsdann in der zweiten Hälfte des 18. Jahrhunderts mehrfach auf mathematischem Wege versucht, indem verschiedene, teilweise recht unbehilfliche, Formeln für die Zuwachsberechnung in allmählich abzunutzenden Beständen aufgestellt wurden. So von Oppel 1760, Vierenklee[1]) 1767, Däzel[2]) 1786, Trunk 1789 u. a. m.

Einen hiervon vollständig verschiedenen Weg für die Etats=
ermittelung schlug im Jahre 1752 der zur Einrichtung der gothaischen

---

[1]) Vierenklee, Johann Ehrenfried, geb. 1716 in Großenhain, gest. 1777 als Pfarrer zu Plössig (Reg.=Bez. Merseburg).
[2]) Däzel, Georg Anton, Dr. phil., geb. 1752 in Fürth, Professor der Forstwissenschaft an der Universität Landshut und später München, gest. 1847 in Regensburg.

Domanialforsten aus Württemberg berufene Rat Wepfer und dessen Sekretär, der spätere Land-Kammerrat Chr. Friedr. Schmidt ein.[1]) Dieselben fertigten zunächst in der früher üblichen Weise eine Forstbeschreibung und gaben bei jedem Waldort an, wann dessen einzelne Teile, deren Fläche veranschlagt wurde, haubar würden und welcher Ertrag von denselben alsdann zu erwarten sein dürfte.

Hierauf wurde aber noch ein wichtiger und folgenschwerer Schritt gemacht, indem Wepfer und Schmidt in einer Tabelle nach Dezennien zusammenstellten, welche Massen nach ihrer Aufnahme in jedem derselben zur Fällung gelangen sollten. Da sich hierbei erhebliche Ungleichheiten herausstellten, so wurde in einer zweiten Tabelle durch angemessene Verschiebungen eine annähernde Ausgleichung der den einzelnen Dezennien überwiesenen Massen vorgenommen.

Auf diese Weise war nun der Abnutzungssatz für jedes Dezennium auf verhältnismäßig sicherer Grundlage ermittelt; alle 10 Jahre sollte eine Betriebsrevision mit Neueinschätzung und Regulierung des Hiebsatzes erfolgen. Nach ganz ähnlichen Gesichtspunkten wurde 1763 eine Einrichtung der zum „Gmundnerischen Salzkammergut" gehörigen Waldungen vorgenommen, nur mit dem Unterschied, daß man hier statt der zehnjährigen zwanzigjährige Zeitabschnitte bildete.

Eine spezielle Zuwachsberechnung fand in den beiden genannten Einrichtungswerken nicht statt, sondern der mutmaßlich zu erwartende Haubarkeitsertrag wurde direkt in die betreffenden Spalten eingesetzt.

Als Einrichtungswerke, welche nach den gleichen Grundsätzen durchgeführt wurden, sind u. a. zu nennen: das „Besichtigungs- und Abschätzungs-Protokoll des Büdinger Waldes", verfertigt durch Forstmeister Hoffmann 1765. Derselbe ließ bereits in seiner Waldbeschreibung Raum für die Eintragung der wirklichen Nutzungsgrößen (ältestes Kontrollbuch!). Ferner: die Betriebsregulierung für die Waldungen des Kurfürstentums Mainz von 1783, welche sich in einer Ausdehnung von 168 796 Morgen von der Rhön über den größten Teil des Spessarts und Odenwaldes bis nach Lampertheim in Hessen erstreckten.

---

[1]) Vergl. Rausch, der Ursprung des Massenfachwerkes, Zeitschr. f. Forst- und Jagdwesen 1889, S. 275.

Die Instruktion für die herzoglich württembergischen Kirchenratsbeamten von 1783 schrieb ebenfalls ein ganz ähnliches Massenteilungsverfahren vor, und der kurfürstlich sächsische Oberförster Maurer veröffentlichte im gleichen Jahre drei Methoden der Betriebsregulierung, von denen eine mit den geschilderten fast völlig übereinstimmt, aber den Fortschritt zeigt, daß zu dem speziell ermittelten Vorrat der progressionsmäßig verminderte Zuwachs nach der Formel $\frac{nz}{2}$ addiert wird. Das zweite Verfahren Maurers ist eine kombinierte Flächen- und Holzteilung, das letzte beruhte ausschließlich auf Flächenteilung.

In Preußen brachte Hennert[1]) seit 1787 ebenfalls ein unvollkommenes Massenfachwerk zur Anwendung. Derselbe legte seiner Waldeinteilung das zu jagdlichen Zwecken durchgehauene Schneisennetz oder, wo dieses fehlte, ein entsprechendes eigenes Liniensystem zu Grund. Seine Wirtschaftsfiguren waren ziemlich groß und umfaßten in der Regel mindestens die Größe von sieben Jahresschlägen, besaßen aber häufig noch eine größere Ausdehnung. Die schon von Kropff eingeführte Einteilung in Blöcke behielt Hennert ebenfalls bei.

Der Einteilung folgte die Bonitierung nach drei Abstufungen und die Einreihung in vier ungleich lange Altersklassen. Der Materialertrag wurde nach Probeflächen ermittelt, eine spezielle Zuwachsberechnung fand nicht statt. Bei Aufstellung des Betriebsplanes wurde daran festgehalten, daß keine Abteilung früher zum Hiebe kommen dürfe, als bis sie das normale Haubarkeitsalter erreicht hatte. Durch Division des Ertrages der ältesten Altersklasse mit der Anzahl Jahre, für welche sie ausreichen mußte, bestimmte Hennert den Etat, welchen er bei großen Abweichungen zwischen den einzelnen Altersklassen durch Zusammenziehung mehrerer Klassen entsprechend modifizierte.

Hennert stellte bereits einen Geldetat auf und erstrebte einen möglichst gleichbleibenden Geldertrag.

Innerhalb weniger Jahre wurden in Ost- und Westpreußen

---

[1]) Hennert, Karl Wilhelm, geb. 1739 in Berlin, gest. 1800 ebendaselbst, seit 1791 geheimer Forstrat und Chef der Forstabschätzung.

sowie in Pommern nach dieser Methode fast 200 000 ha eingerichtet, doch kann diese Arbeit bei dem Mangel eines geschulten Personals nur sehr oberflächlich durchgeführt worden sein.

Am vollständigsten hat Kregting bereits 1788 das reine Massenfachwerk gelehrt, indem er ebenfalls Altersklassen mit zehnjähriger Abstufung annahm, einen Hauptwirtschaftsplan (forstmäßige Holzanweisung) entwarf, welcher ergab, wann jeder Bestand angegriffen, nachgehauen und abgetrieben werden sollte, und eine vollständige Periodentabelle (Holz-Ertrags-Tabelle) aufstellte, mit deren Hilfe der Etat für die einzelnen Dezennien berechnet wurde.

Unter Benutzung dieser sehr guten Vorarbeiten und wohl hauptsächlich angeregt durch Kregting entwickelte G. L. Hartig sein Verfahren, welches zuerst 1795 in der Schrift „Anweisung zur Taxation der Forsten" veröffentlicht wurde. Er ging von der Anschauung aus, daß der gegenwärtige Vorrat vermehrt um den gesamten summarischen Zuwachs aller Bestände diejenige Holzmasse bilde, über welche zu disponieren sei. Sein Verfahren unterschied sich von jenem der Vorgänger hauptsächlich durch die genaue Zuwachsberechnung für die Anzahl Jahre, welche der betr. Bestand noch stehen bleiben sollte, weiter verlangte er auch einen Hauptwirtschaftsplan, in welchem die Grundsätze niedergelegt wurden, nach denen sowohl der Wald im allgemeinen als auch jeder einzelne Distrikt behandelt werden sollte.

Die Dispositionen, welche durch das Forsteinrichtungswerk getroffen waren, sollten während der ganzen Dauer des Umtriebes streng und unverändert festgehalten werden.

Wenn auch Hartig wesentliche Verbesserungen und Neuerungen an der Methode nicht angebracht hat, so ist es doch sein bleibendes Verdienst, das Massenfachwerk in allen Einzelheiten ausgebaut und die erfolgreiche Anregung zu allgemeinerer Inangriffnahme der Forsteinrichtungsarbeiten gegeben zu haben.

Die Schattenseite der von Hartig gegebenen Vorschriften liegt in der ungemeinen Umständlichkeit des Verfahrens und der Weitschweifigkeit des Tabellenwerkes. Diese Mißstände, sowie die umfangreichen Massenermittlungen und Zuwachsberechnungen für sämtliche Bestände, welch letztere bei jeder Verschiebung wieder geändert werden müssen, ferner die genaue Festlegung aller Wirtschaftsdetails für die ganze Umtriebszeit lassen diese Methode als ungeeignet für die Anwendung im großen Betriebe erscheinen.

Die von Hartig 1819 für Preußen verfaßte Forsteinrichtungsinstruktion erwies sich aus diesem Grund alsbald als gänzlich undurchführbar und mußte 1826 durch summarische Ertragserhebungen ersetzt werden, bis 1836 die vom Oberlandforstmeister von Reuß herrührende Instruktion erschien. Auch andere Staaten, wie Württemberg, Bayern und Baden, welche das Massenfachwerk rein oder doch nur wenig modifiziert als Grundlage ihrer Forsteinrichtungsinstruktionen benutzt hatten, sahen sich ebenfalls bald zur Vereinfachung genötigt.

§ 64. Kombiniertes Fachwerk und Flächenfachwerk.

Die Flächenteilung war schon Jahrhunderte hindurch als Anhalt für die Regelung des Betriebes in den kleinen, nur in kurzen Umtriebszeiten bewirtschafteten Nieder- und Mittelwaldungen benutzt worden. Um die Mitte des 18. Jahrhunderts begann man diese Methode auch bei der Einrichtung größerer Forsten anzuwenden. Schon bei den ersten Versuchen in dieser Richtung machte sich aber der Umstand, daß gleiche Flächen je nach Verschiedenheit der Standorts- und Bestandesgüte sehr ungleiche Erträge lieferten, störend geltend.

Da das Bestreben der Taxatoren zunächst dahin ging, den nach dem augenblicklichen Holzbedarf bemessenen Abgabesatz in jährlich annähernd gleicher Höhe dauernd sicher zu stellen, so mußten Abweichungen von der Einteilung in gleich große Jahresschläge vorgenommen werden.

Jacobi, Oberförster von Clausthal, schlug bereits 1741 in seinem Gutachten über die Behandlung der Göttinger Stadtwaldungen vor, für die fernere Bewirtschaftung zwar im allgemeinen gleich große Jahresschläge zu Grund zu legen, allein dieselben in einem Waldteil mit besonders ungünstigen Bodenverhältnissen bleibend größer zu machen. Die Schläge brauchten aber vor Erreichung eines normalen Waldzustandes nicht genau innegehalten zu werden, das Hauptaugenmerk sei auf den Einschlag eines jährlich annähernd gleich großen Holzquantums im Anhalt an seine Schätzung zu legen.

Die Ideen von Jacobi dürften Langen und Zanthier, welche ebenfalls am Harz wirtschafteten, bekannt gewesen sein, denn sie teilten zwar ebenfalls die Forsten geometrisch, hielten aber die Größe des einzelnen Jahresschlages nicht streng fest, um jährlich das bestimmte Holzquantum liefern zu können. Zanthier ermittelte einen Materialetat durch vorheriges Auszählen des Holzes.

Jacobi, Langen und Zanthier wirtschafteten nur mit kurzen, 40—50jährigen Umtrieben; der erste, welcher den Versuch machte, auch Hochwaldungen nach diesem Verfahren zu behandeln, war Oettelt. Dieser konnte nun nicht mehr den Wald im ganzen berücksichtigen, sondern sah sich genötigt, ebenfalls Altersklassen zu bilden, welche bei ihm im Gegensatz zu den oben geschilderten Massenfachwerksmethoden ungleich lang waren.

Oettelt ging ebenfalls von der Jahresschlagfläche aus, legte aber diese Flächengröße der Waldeinteilung nicht zu Grund, sondern berücksichtigte hierbei die Bestandesgüte, damit die abgesteckten Schläge auch wirklich innegehalten werden könnten. Weiter stellte er den Satz auf, daß die Bestände stets das normale Abtriebsalter erreichen müßten, und deshalb in der ältesten Altersklasse solange gewirtschaftet werden sollte, bis das Holz der nächsten Altersklasse hiebsreif sei.

Diese Anschauung und die Einteilung in ungleich lange Altersklassen wurden auch von Wedell[1]) und Hennert festgehalten.

Wedell berücksichtigte bei Einrichtung der schlesischen Gebirgsforsten nicht wie Oettelt nur die vorübergehende Bestandesgüte, sondern auch die bleibende Standortsgüte. Die Bestände wurden nach drei Klassen bonitiert, der Holzvorrat nach Probeflächen ermittelt, diesem der sehr gering angenommene Durchschnittszuwachs zugerechnet und so der mittlere jährliche Abnutzungssatz gefunden, welcher aber nach Bedarf, d. h. je nach dem Altersverhältnis der nächstjüngeren Altersklasse, erhöht oder erniedrigt wurde.

Während im Mittelgebirge die Terrainverhältnisse stets die Berücksichtigung der Masse neben der Fläche geboten hatten, konnte man bei der Einrichtung der norddeutschen Kiefernforsten sich zunächst

---

[1]) von Wedell, Gottlob Magnus Leopold, geb. 1750, gest. 1799 in Breslau, Landjägermeister in Schlesien und der Grafschaft Glatz.

ausschließlich an die Fläche halten, und zwar umsomehr, da sehr viel Material exportiert wurde und sich die verschiedenen Reviere hierbei ergänzten.

Die ersten Betriebsregulierungen wurden unter der Leitung des Forstdepartementsrats von Kropff seit 1778 in der Mark und in Pommern ausgeführt. Zufolge der in den Jahren 1780 und 1783 erschienenen Instruktionen sollte jeder Forst in eine Anzahl Hauptabteilungen, jede derselben in zwei gleich große Blöcke und jeder Block in 70 flächengleiche Schläge geteilt werden. Das Mittelglied des Blockes wurde eingeschoben, um den Willen Friedrichs d. Gr., welcher auf eine 70jährige Umtriebszeit bestand, zu umgehen und thatsächlich eine 140jährige Umtriebszeit einzuführen.

Dieses Verfahren brachte jedoch verschiedene Nachteile mit sich. Namentlich schwankte der Ertrag der Schläge zu sehr und reichte häufig nicht hin, um die Ansprüche der Bauholzberechtigten zu befriedigen, außerdem häuften sich die Klagen der Weideberechtigten wegen der großen Schonungen.

Als 1788 Hennert die Leitung der Forsteinrichtungsgeschäfte übernommen hatte, trat daher eine wesentliche Änderung des von Kropff vorgenommenen Systems ein, indem Hennert unter gleichzeitigem Übergang zum Samenschlagbetrieb sein oben geschildertes Massenfachwerk einführte.

Daß Maurer 1783 ein auf Flächenteilung beruhendes Forsteinrichtungsverfahren gelehrt hat, ist bereits (S. 137) erwähnt worden.

Die Verfahren von Jacobi, Langen, Zanthier, Oettelt und Wedell sind jedoch keine reine Flächenteilungsverfahren, weil sie alle dem Materialertrag einen bestimmenden Einfluß auf die Betriebsregulierung einräumen, sie stellen demnach eigentlich Kombinationen der Flächenteilung und Massenteilung vor.

Diese Methode hat auch Heinrich von Cotta der ersten Auflage seiner „systematischen Anleitung zur Forsttaxation" 1804 zu Grunde gelegt.

Er schloß sich hier an die in seiner Heimat (Weimar) durch Oettelt eingeführte Einteilung in Jahresschläge an, bezeichnete dieselbe aber nicht im einzelnen, sondern teilte die Umtriebszeit in gleich lange (anfangs 30jährige) Perioden, welche er späterhin, zuerst 1817

„Fachwerke" benannte, deren jedem eine entsprechende Anzahl von Jahresschlägen zugewiesen wurde; für jede Abteilung ermittelte Cotta auch den zu erwartenden Ertrag. Durch Summierung der einzelnen Positionen ergab sich alsdann der periodische Ertrag und durch Division desselben mit der Anzahl der Jahre der Periode auch das jährliche Hiebsquantum. Große Ungleichheiten im periodischen Ertrag sollten durch Versetzungen ausgeglichen werden, doch betrachtete Cotta die Gleichstellung der periodischen Erträge nicht als Hauptsache. Der Abnutzungssatz wurde in Fläche und Masse ausgedrückt, allein die Flächenkontrolle hatte damals doch mehr den Zweck, den Einfluß falscher Massenschätzung zu paralysieren.

Cotta legte schon 1804 großen Wert auf die wirtschaftliche Buchführung, während Hartig erst 1819 eine Materialkontrolle einführte.

Im Lauf der Zeit änderte Cotta sein Verfahren immer mehr in der Richtung des reinen Flächenfachwerkes ab; in seiner 1820 erschienenen „Anweisung zur Forsteinrichtung und Abschätzung" stützte er die Nachhaltigkeit lediglich auf die Fläche und schrieb Massenschätzungen nur zu dem Zweck vor, um entweder eine möglichste Gleichmäßigkeit des Ertrages zu erreichen oder um schon von vornherein die Größe des Ertrages kennen zu lernen.

Durch seinen Sohn Wilhelm von Cotta, welcher seit 1830 die Leitung der sächsischen Forsteinrichtungsanstalt selbstständig übernommen hatte und späterhin durch Berlepsch[1]) wurde dieses Verfahren immer mehr vereinfacht, Massen- und Zuwachsberechnung nur durch Okulartaxation vorgenommen und der Hauptwert auf die periodischen Revisionen gelegt.

Schon H. v. Cotta betonte die große Wichtigkeit guter Betriebsdispositionen und stellte einen zweckmäßigen Wirtschaftsplan höher als die Ertragsbestimmung.

Während Hartig in erster Linie die Gleichstellung der periodischen Massenerträge und Cotta jene der Periodenflächen erstrebte,

---

[1]) von Berlepsch, Gottlob Franz August Adolph, Freiherr, geb. 1790 auf dem Klostergut Seebach, 1821 vortragender Rat, später, bis 1860, Chef der sächsischen Forstverwaltung, gest. 1867 in Dresden.

stellte Klipstein 1823 die Forderung, daß sowohl die Flächen als die Massen, welche den einzelnen Perioden zugewiesen seien, möglichst gleich gestellt werden sollten und begründete damit das kombinierte Fachwerk im modernen Sinn. Klipstein hat ferner eine sehr wesentliche Vereinfachung des Forsteinrichtungsverfahrens dadurch herbeigeführt, daß er die spezielle Abschätzung und den speziellen Betriebsplan auf die erste Periode beschränkte und sich für die späteren Perioden damit begnügte, denselben annähernd gleiche Flächen zuzuweisen und deren Ertrag nur summarisch zu ermitteln.

§ 65. Die Formelmethoden.

Von ganz anderen Gesichtspunkten als die Fachwerksmethoden gehen die sog. rationellen oder Normalvorratsmethoden aus, welche den Schwerpunkt der Betriebsregulierung in die Ertrags= berechnung verlegen und den Hiebssatz mit Hilfe einer Formel er= mitteln.

Die älteste derartige Methode ging aus dem 1788 für die Zwecke der Waldwertberechnung erschienenen K. K. Hofkammerdekret (vergl. unten S. 160) zu Anfang des 19. Jahrhunderts hervor. Die sog. Kameraltaxationsmethode wird in der Litteratur zuerst 1811 (Andrés „Ökonomische Neuigkeiten") erwähnt, doch ist hier von ihr als etwas bereits Bekanntem die Rede.

Die Kameraltaxe hat sich bis auf die Neuzeit erhalten und ist noch in der Instruktion von 1878 „für die Begrenzung, Ver= markung, Vermessung und Betriebseinrichtung der österreichischen Staats= und Fondsforsten" der Etatsberechnung zu Grund gelegt.

Den Übergang von der Kameraltaxe zu den späteren Normal= vorratsmethoden bildet ein Verfahren, welches der bayerische Salinen= forstinspektor Huber[1]) unter Mitwirkung des Professors Däzel 1812 in einer Instruktion darstellte, nach welcher die Betriebsregulierung der bayerischen Salinenforsten durchgeführt werden sollte[2]).

---

[1]) Huber, Franz Xaver, geb. in Hamer bei Traunstein, gest. 1842 in Reichenhall, seit 1808 Salinenforstinspektor.
[2]) Veröffentlicht im Jahrgang 1824 und 1825 der „Zeitschrift für das Forst= und Jagdwesen" von Meyer und Behlen.

Die Idee, den Abgabesatz nach dem Verhältnis des normalen Vorrats zum normalen Ertrag zu berechnen, wurde zuerst von Paulsen 1787 ausgesprochen. Dieses Verhältnis sollte in einem Dezimalbruch ausgedrückt und mit diesem der wirkliche Vorrat multipliziert werden, um den jeweiligen Hiebssatz zu finden; 1799 gab er den Hiebssatz zum ersten Mal in Prozenten des wirklichen Vorrats an.

Unabhängig von Paulsen[1]) entwickelte Hundeshagen zuerst nur andeutungsweise 1821 in seiner „Enzyklopädie der Forstwissenschaft" und dann ausführlich in seiner „Forstabschätzung" 1826 das bekannte Verfahren, unter Heranziehung der bereits von Paulsen und Huber, sowie in der Kameraltaxe benutzten Begriffe „Normalvorrat, wirklicher Vorrat, normaler Zuwachs und wirklicher Zuwachs".

Hundeshagen hat sich große Verdienste um die Klarlegung der Begriffe von „Normalvorrat" und „Normalertrag" erworben. Er war auch der erste, welcher sein Verfahren (1826) als das „rationelle" bezeichnete, wodurch sich der Name „rationelle Methoden" allmählich auf alle Normalvorratsmethoden übertrug.

Ähnliche Verfahren wurden veröffentlicht: vom bayerischen Forstmeister Martin 1836, dem sigmaringischen Forstrat Karl[2]) 1838 und 1851, sowie von Breymann[3]) 1855.

Von den verschiedenen Normalvorratsmethoden hat nur die von Karl Heyer in seiner „Waldertragsregelung" 1841 entwickelte bleibende Bedeutung für die Praxis gewonnen. Dieselbe hält nicht starr an einer mathematischen Formel fest, sondern räumt dem wirtschaftlichen Ermessen einen größeren Spielraum ein und verlangt auch den Entwurf eines Wirtschaftsplanes.

Eine ganz neue Richtung erhielt die Lehre der Betriebsregulierung durch die Aufstellung des Prinzipes des höchsten Bodenreinertrages als des zu erstrebenden Wirtschaftszieles. Für die Regelung des Betriebes soll hiernach lediglich die Hiebsreife des ein-

---

[1]) Vergl. Hundeshagen, Forstl. Berichte und Miscellen, 1. H. S. 160.
[2]) Karl, Heinrich, geb. 1796 zu Sigmaringen, gest. 1885 ebendaselbst, von 1831—1865 Vorstand der hohenzollernschen Forstverwaltung.
[3]) Breymann, Karl, geb. 1807 in Salzburg, gest. 1870 in Mariabrunn, wo er seit 1852 als Professor der Forstmathematik thätig war.

zelnen Bestandes im Sinne des Weiserprozentes sein. Der Hiebssatz ergiebt sich in voller Unabhängigkeit von dem Grundsatze der Nachhaltigkeit als die Summe der Massenerträge jener Bestände, welche im finanziellen Sinne hiebsreif sind.

Oberforstrat Judeich, Professor Preßler und Oberforstmeister Koch haben in den sechsziger Jahren eine Methode der Forsteinrichtung ausgebildet, welche, auf Grundlage der Bodenreinertragslehre stehend, auch den unabweisbaren Forderungen der Praxis Rechnung tragen soll; die Vereinigung der verschiedenen Wünsche erfolgt durch eine periodische Flächendisposition unter Annahme des nach der finanziellen Umtriebszeit bemessenen Jahresschlages.

Von den Staatsforstverwaltungen hat nur jene des Königreichs Sachsen der Bodenreinertragslehre einen bestimmenden Einfluß auf die Forsteinrichtung eingeräumt.

3. Kapitel. Forstpolitik, Forstverwaltung und Forststrafwesen.

§ 66. Forstpolitik.

Während die Forstwirtschaft bereits in der zweiten Hälfte des 18. Jahrhunderts einen energischen Aufschwung nahm, begann auf dem Gebiete der Forstpolitik erst zu Anfang des 19. Jahrhunderts eine neue Ära.

Unter dem Einfluß der freiheitlicheren Anschauungen, welche sich bald auf allen Gebieten geltend machten, verschwanden vor allem zunächst die Beschränkungen der natürlichen Preisbildung und des Verkehrs mit Forstprodukten; die letzten Fesseln des internen Verkehrs fielen allerdings erst mit der Errichtung des Zollvereins.

Das Streben, durch die Erhaltung einer gewissen Waldfläche die Befriedigung des Holzbedarfs zu sichern und auf die Preisbildung zu wirken, hat praktisch keine nennenswerte Bedeutung gewonnen.

Die Aufsicht über die Gemeinde- und Privatwaldungen hat im 19. Jahrhundert einen gänzlich veränderten Charakter angenommen, wenn auch für die fernere Gestaltung derselben innerhalb der einzelnen Staaten natürlich der historische Entwicklungsgang maß= gebend geblieben ist.

In Süd= und Westdeutschland hat die moderne Gemeindegesetz= gebung auch die früher übliche schärfere Beaufsichtigung der Gemeinde= forstwirtschaft beibehalten, indem hier die Gemeindewaldungen entweder durch Staatsbeamte bewirtschaftet werden, oder doch wenigstens eine spezielle Aufsicht über ihre Bewirtschaftung besteht und die Betriebs= leitung durch geeignete Beamte gefordert wird. In Norddeutschland, namentlich in den östlichen Provinzen von Preußen, dauerte nicht nur die frühere Freiheit fort, sondern es wurden auch zu Anfang unseres Jahrhunderts die in einzelnen Provinzen noch vorhandenen Schranken (Städteforstordnung) vollständig beseitigt.

Infolge der Wandlung, welche in neuerer Zeit die Anschauung über das Verhältnis der Zwangsgemeinwirtschaften zum staatlichen Or= ganismus sowie über die Bedeutung der Waldungen erfahren hat, wird nunmehr auch da, wo der Gemeindeforstwirtschaft eine sehr weitgehende wirtschaftliche Freiheit eingeräumt worden war, ein höheres Maß der staatlichen Einwirkung erstrebt (preuß. Ges. v. 14. VIII. 1876 betr. die Verwaltung der den Gemeinden und öffentlichen Anstalten in den östlichen Provinzen gehörigen Waldungen).

Noch vollkommener als bezüglich der den juridischen Personen gehörigen Waldungen ist die Befreiung von der staatlichen Bevor= mundung bei den Privatwaldungen in den ersten Dezennien des 19. Jahrhunderts gesetzlich oder doch faktisch erfolgt.

Die schlimmen Folgen der völligen Freigabe der Privatforst= wirtschaft zeigten sich jedoch bald in so erschreckender Weise, daß man sich scheute, die in einzelnen Staaten noch vorhandenen Fesseln völlig abzustreifen und da, wo dieses bereits geschehen war, nach Abhilfe suchte. Letzteres geschah auf doppelte Weise:

Wenn auch davon abgesehen werden mußte, an Stelle der eben niedergerissenen Schranken wieder neue in ähnlicher Weise zu errichten, so suchte man doch die Reste der noch vorhandenen genossenschaftlichen Besitzformen zu erhalten und zeitgemäß umzugestalten. In dieser Weise ist man namentlich u. a. in Preußen vorgegangen (Haubergs= ordnung f. d. Kreis Siegen v. 1834, Waldkulturgesetz f. d. Kreis

Wittgenstein 1854 und Gesetz über die gemeinschaftlichen Holzungen v. 1881). Der Versuch, die Bildung neuer Waldgenossenschaften herbeizuführen, welcher in Preußen 1875 gemacht wurde, muß als erfolglos betrachtet werden.

Auf eine ganz neue Basis wurde die Staatsaufsicht über die Privatforstwirtschaft durch die Erkenntnis von den Schutzwirkungen des Waldes gestellt.

Den mächtigsten Impuls zu weiteren Arbeiten auf diesem Gebiete gab Moreau de Jonnés durch sein 1825 erschienenes Mémoire sur le deboisement des forêts.

Nunmehr war wenigstens theoretisch die Grenze bezeichnet, bis zu welcher das Interesse der Allgemeinheit eine Einschränkung der individuellen Freiheit zu fordern berechtigt ist.

Die erste praktische Anwendung des Schutzwaldbegriffes versuchte das bayerische Forstgesetz von 1852; das preußische Schutzwaldgesetz von 1875 und das württembergische Forstpolizeigesetz von 1879 gingen vom gleichen Standpunkte aus.

Die Frage nach der Definition des Schutzwaldes und nach der besten Lösung seiner Aufgabe im allgemeinen Interesse ist indessen noch immer eine offene.

An die Stelle der polizeilichen Bevormundung und Beschränkung der Forstwirtschaft sind im 19. Jahrhundert zahlreiche Maßregeln der Wirtschaftspflege durch Förderung des Unterrichtes, Verbesserung der Verkehrsmittel, Regelung der Eisenbahntarife und Zollsätze ꝛc. getreten, deren nähere Betrachtung nicht mehr in das Gebiet der Forstgeschichte gehört.

§ 67. Forstverwaltung.

Die steigende Bedeutung, welche der Wald durch seine Erträge gewann, hatte auch zur Folge, daß seit der Mitte des 18. Jahrhunderts der Bewirtschaftung desselben nach der administrativen Seite eine größere Aufmerksamkeit zugewendet wurde. Aus dem Kreise der wirtschaftenden Beamten erschienen immer mehr energische und tüchtige Persönlichkeiten, welche das einseitige Jägertum überwanden und sich der Pflege des Waldes widmeten; Langen, Zanthier, Beckmann,

Büchting[1]) u. a. m. bilden hierfür charakteristische Beispiele. In der zweiten Hälfte des 18. Jahrhunderts erfolgte aber auch in den meisten deutschen Staaten eine eigentliche Organisation des Forstdienstes und bei den Centralstellen die Einrichtung von Abteilungen für die Leitung der Forstverwaltung. Die oberen Stellen der Forstverwaltung wurden allerdings in vielen Staaten noch lange Zeit entweder mit Kameralisten oder mit Hofjagdbeamten besetzt.

In Preußen bestand von 1770 bis 1798 ein eigenes Forstministerium.

Während der kriegerischen Periode von 1790 bis 1820 stockte die gute Entwicklung der Forstverwaltung, welche in den letzten Dezennien des 18. Jahrhunderts begonnen hatte; erst nach Schluß der Befreiungskriege und mit Rückkehr besserer finanzieller Verhältnisse zeigte sich auch hier neues Leben.

Die Nachwirkung der napoleonischen Kriege haben sich auf dem Gebiete der Forstverwaltung dadurch lange fühlbar gemacht, daß eine große Menge halbinvalider oder überzähliger Offiziere hier untergebracht wurde, wodurch sich die Besetzung der Stellen mit forsttechnisch gebildeten Beamten erheblich verzögerte.

Bei der Neuorganisation der Staatsverwaltung wurden nunmehr allenthalben sowohl bei den Central- wie bei den Provinzialbehörden besondere Stellen für den Forstverwaltungsdienst geschaffen und mit sachkundigen Personen besetzt.

Für die Einrichtung der Lokalverwaltung ist während der ersten Hälfte des 19. Jahrhunderts die Trennung in Wirtschaftsleitung und Wirtschaftsvollzug charakteristisch. Das sog. Revierförstersystem wurde thatsächlich, wenn auch nicht immer dem Namen nach, allenthalben eingeführt.

Erst als die Bildungsstufe des Forstpersonals infolge der Verbesserung des forstlichen Unterrichts eine höhere geworden war, erschien eine Änderung der früheren, durch die Verhältnisse gebotenen Einrichtung zulässig und notwendig. Während der letzten 50 Jahre ist die Stellung der wirtschaftenden Beamten allmählich immer

---

[1]) Büchting, Johann Jakob, geb. 1729 in Wernigerode, fürstl. anhaltischer Forstkommissar und Bergwerksassessor, gest. 1799 in Harzgerode.

günstiger geworden, zugleich konnte die Zahl der Beamten vermindert und der Inspektionsdienst einfacher gestaltet werden.

Hand in Hand mit der Entwicklung der Verwaltungsorganisation und diese selbst ganz wesentlich mitbedingend, ging im 19. Jahrhundert eine vollständige Umwandlung des Forstpersonals selbst, welches anfangs noch aus den verschiedenartigsten und teilweise höchst fragwürdigen Persönlichkeiten, wie Leibjägern und Bedienten, bestand.

Während der ersten Dezennien des 19. Jahrhunderts trugen auch noch die Besoldungsverhältnisse zur schlechten sozialen Lage des Forstpersonals bei. Dürftige Gehälter, ausgebreitetes Accidentienwesen, hier und da sogar Mangel des Anspruches auf Pension hielten einerseits die besseren Elemente von dem Eintritt in die Carrière ab und veranlaßten andererseits nur zu leicht nicht sehr charakterfeste Beamten zu Eingriffen in das ihrer Obhut anvertraute Gut.

Erst als etwa seit 1820 die Zulassung in die Verwaltungslaufbahn zunächst vom Bestehen einer Prüfung und etwa seit 1850 auch vom vorherigen Besuch einer Forstschule abhängig gemacht worden war, und gleichzeitig eine angemessene Verbesserung der Besoldungen eintrat, ist die Beschaffenheit des Personales besser geworden und konnte dasselbe auch eine günstigere soziale Stellung erlangen.

§ 68. Forststrafwesen.

Auf dem Gebiet des Forststrafrechtes ist während der zweiten Hälfte des 18. Jahrhunderts eine Periode der Kodifikation zu verzeichnen, indem an Stelle der veralteten Bestimmungen der Forstordnungen nunmehr in den meisten Staaten neuere Forststrafgesetze traten, in welchen gewöhnlich die Strafe in einem arithmetischen Verhältnis zum Wert des entwendeten Objektes stand.

Diese Bestimmungen sind teilweise bis zur Mitte des 19. Jahrhunderts in Kraft geblieben, soweit nicht, wie z. B. in Preußen, weitgehende territoriale Veränderungen zur Beseitigung der Rechtsungleichheit schon früher den Erlaß neuer Forststrafgesetze als notwendig erscheinen ließen.

Auch das neue Reichsstrafgesetz hat wie die älteren Reichsgesetze die Aburteilung der Forststrafsachen den Landesspezialgesetzen überlassen, nur die allgemeinen Grundsätze des Reichsstrafrechtes über Strafarten, Konkurrenz, Strafmündigkeit ꝛc. sind allgemein verbindlich, wodurch mehrfache Änderungen der Forstdiebstahlsgesetze notwendig wurden.

Trotz der durchgreifenden Änderung, welche das Forststrafrecht im 19. Jahrhundert erfahren hat, ist die bis in die Zeit der Volksrechte zurückreichende Anschauung, daß das Holz, solange es noch nicht vom Boden getrennt, keine fremde bewegliche Sache sei, durch deren unbefugte Wegnahme ein Diebstahl begangen werde, bestehen geblieben. Die meisten Forststrafgesetze bezeichnen daher die Entwendung der Forstprodukte nur als: Frevel, erst die neuesten wenden auch hierfür die Bezeichnung „Diebstahl" an.

Die Strafen für Forstdiebstahl und forstpolizeiwidrige Handlungen sind auch jetzt meist Geldstrafen, welche in einem bestimmten Verhältnis zum Wert des entwendeten Objektes stehen, im Fall der Uneinbringlichkeit werden sie in Haft oder Strafarbeit umgewandelt. Für gewisse schwerere Vergehen ist Freiheitsstrafe schon primär angedroht.

Bis zum Jahre 1848 stand die Aburteilung der Forstfrevel ebenso wie jene der übrigen Polizeivergehen noch in verschiedenen Staaten den Patrimonial- und Polizeigerichten, sowie selbst Administrativbehörden zu. Die Patrimonialgerichtsbarkeit hörte zu Anfang der 1850er Jahre allgemein auf, allein erst infolge des neuen Gerichtsverfassungsgesetzes ist die Rechtsprechung in Forststrafsachen seit 1879 überall an die ordentlichen Gerichte übergegangen. Mit Rücksicht auf die besonderen Verhältnisse sind für den Forststrafprozeß auch in diesem neuen Gesetz verschiedene Vereinfachungen gegen das sonst übliche Verfahren zugelassen.

Um die Mitte des 19. Jahrhunderts sind die Strafanteile und Anzeigegebühren der Forstschutzbeamten in der Staats- und Gemeindeforstverwaltung allgemein, ebenso auch bei den meisten Privatforstverwaltungen, in Wegfall gekommen.

4. Kapitel. Forstwissenschaft.

§ 69. Die holzgerechten Jäger und Kameralisten.

Die Entwicklung der Wirtschaftslehre begann um die Mitte des 18. Jahrhunderts, als die im Wald arbeitenden Forstwirte das einseitige Jägertum überwunden hatten, die Pflege des Waldes als ihre Hauptaufgabe betrachteten und ihre Erfahrungen auch weiteren Kreisen zugänglich machten. Die empirischen Kenntnisse der „holzgerechten Jäger" bildeten die Grundlage, auf welcher sich die Forstwissenschaft allmählich aufbaute.

Zwei Altersgenossen, Heinrich Wilhelm Döbel und Johann Gottlieb Beckmann, eröffneten den Reigen der schriftstellernden Förster.

Döbel's „Neueröffnete Jägerpraktika" (1. Aufl. 1746) geben ein typisches Bild von der doppelten Wirksamkeit jener Männer als Forstwirte und Jäger. Beide Thätigkeitsgebiete werden behandelt, allein die Jagd noch weit ausführlicher und besser als die Forstwirtschaft. Döbel war Autodidakt, besaß aber ein offenes Auge für die wirtschaftlichen Maßregeln und schildert die ihm bekannten Verhältnisse ganz gut.

Wesentlich höher als Döbel steht Beckmann, welcher über das einseitige Jägertum hinausgekommen war, dessen Unwissenheit er oft beklagt. Er verlangte sorgfältige Beachtung der Fingerzeige der Natur, trat mit großem Eifer für die künstliche Verjüngung durch Nadelholzsaat ein und hat auch auf dem Gebiet der Forsteinrichtung Beachtenswertes geleistet.

Ein sehr guter Beobachter war Melchior Christian Käpler[1], welcher sich in seinen Schriften ebenfalls auf die Darstellung der eigenen Wahrnehmungen beschränkt und viele richtige wirtschaftliche Anleitungen erteilt.

Johann Jakob Büchting war der erste Forstmann, welcher eine Universität besuchte. Seine Thätigkeit ist hauptsächlich dem

---

[1] Käpler, Melchior Christian, geb. 1712 zu Ufhoven bei Langensalza, gest. 1793 als weimarischer Oberförster und Wildmeister zu Ostheim a. d. Rhön.

Forstvermessungswesen gewidmet gewesen, er war jedoch auch auf dem forstwirtschaftlichen Gebiet schriftstellerisch thätig.

An diese Repräsentanten des holzgerechten Jägertums reihten sich während der zweiten Hälfte des 18. Jahrhunderts noch zahlreiche andere tüchtige Forstleute an, welche zum Ausbau der Forstwirtschafts= lehre sowie zur Begründung der Forstwissenschaft reiches Material geliefert haben. Es mögen hier nur Namen wie: Oettelt, Zanthier, Berlepsch, Kropff, Kregting, genannt werden, deren Thätigkeit im einzelnen teils bereits erwähnt worden ist, teils noch weiter zu würdigen ist.

Die holzgerechten Jäger waren als reine Empiriker ohne all= gemeine Bildung meist der Ansicht, daß ihre Beobachtungen allent= halben Geltung besitzen müßten, wodurch lebhafte litterarische Fehden entstanden, welche sie den damaligen Zeitverhältnissen und ihrem Bildungsgrade entsprechend nicht im höflichsten Tone führten.

Wenn auch die Techniker jener Periode sich große Verdienste durch Darstellung ihrer Erfahrungen und Kenntnisse erworben haben, so mangelte ihnen doch die geistige Schulung, welche erforderlich war, den vorhandenen Wissensstoff vollständig zu übersehen und systematisch zu ordnen. Die encyklopädische Zusammenfassung und systematische Durcharbeitung dieses Materials erfolgte von Seiten der Kameralisten, denen allerdings eigene praktische Kenntnisse meist vollständig fehlten.

Der hervorragendste unter diesen Kameralisten war Wilhelm Gottfried von Moser[1]. Derselbe hat nicht nur in seinen „Grund= sätzen der Forstökonomie" (1757) das erste forstwissenschaftliche System aufgestellt, sondern auch den Forstbetrieb, was früher noch nicht der Fall gewesen ist, vom volkswirtschaftlichen Gesichtspunkt aus gewürdigt.

Eine für die damaligen Verhältnisse sehr gute Darstellung des Waldbaues findet sich in der 1766 erschienenen „Anleitung zum

---

[1] von Moser, Wilhelm Gottfried, geb. 1729 in Tübingen, hessen= darmstädtischer Oberforstmeister, gest. 1793 in Ulm als fürstlich Taxis'scher Kammer= präsident und Kreisgesandter.

Forstwesen" des braunschweigisch-lüneburgischen Kammerrates Johann Andreas Kramer[1]).

An den oben erwähnten litterarischen Streitigkeiten zwischen den Holzgerechten beteiligte sich auch der braunschweigisch-lüneburgische Regierungsrat Heinrich Christian von Brocke, welcher litterarisch eifrig thätig war und 1774 die Preisfrage des kgl. preußischen Generaldirektoriums: „Wie ohne Nachteil der Festigkeit des Holzes das Wachstum der Forsten beschleunigt werden könne" durch Empfehlung eines geordneten Durchforstungsbetriebes löste.

Weniger wegen hervorragender wissenschaftlicher Leistungen als wegen seiner vielseitigen Thätigkeit ist Johann Friedrich Stahl[2]) zu nennen. Derselbe war fast in allen Zweigen des württembergischen Kameraldienstes thätig gewesen und wurde schließlich Forstdirektor. Das württembergische Forstwesen verdankt ihm verschiedene vortreffliche Vorschriften und nützliche Anordnungen.

Unter den Universitätslehrern, welche seit 1770 forstwissenschaftliche Vorlesungen für Kameralisten hielten und auch auf forstlichem Gebiete schriftstellerisch thätig waren, ist der bedeutendste: Johann Jakob Trunk, von 1787 bis 1793 Oberforstmeister für die k. k. österreichischen Vorlande.

Wie Joh. Friedr. Stahl als Beamter, so stellt Johann Heinrich Jung[3]) als Dozent ein Muster kameralistischer Vielseitigkeit dar. Derselbe las an der Kameralschule zu Lautern (Kaiserslautern) neben Landwirtschaft, Technologie, Fabriks- und Handelskunde sowie Tierarzneikunde auch eine Zeitlang Forstwissenschaft.

Der größte Polyhistor jener Zeit war Johann Beckmann,[4]) welcher in seinen, 45 Bände umfassenden, Grundsätzen der deutschen

---

[1]) Cramer, Johann Andreas geb. 1710 in Quedlinburg, gest. 1777 in Berggieshübel bei Dresden.

[2]) Stahl, Johann Friedrich, mag. phil. geb. 1718 in Heimsheim, gest. 1790 als herzoglich württembergischer Domänenrat in Stuttgart.

[3]) Jung, Johann Heinrich, gen. Stilling, Dr. med. et phil., geb. 1740 in Grund, Professor an der Kameralschule zu Lautern, sowie später an den Universitäten Heidelberg und Marburg, gest. 1817 in Karlsruhe.

[4]) Beckmann, Johann, geb. 1739 in Hoya, gest. 1811 zu Göttingen als Professor an der dortigen Universität.

Landwirtschaft auch ein allerdings nur sehr kurzes System der Forst=
wirtschaft gab.

Weniger bemerkenswert als die genannten sind: Johann Friedrich
Pfeiffer (Universität Mainz), Johann Daniel Succow (Jena) und
Franz Damian Müllenkampf (Mainz).

§ 70. Die forstlichen Encyklopädisten, sowie die Litteratur über Waldbau, Forstbenutzung und Forsteinrichtung.

Während sich die Schriften der Kameralisten gegen das Ende
des 18. Jahrhunderts wegen des Mangels an genügender Kenntnis
der sich nunmehr rasch entwickelnden Technik immer mehr verflachten,
gewannen die litterarischen Produkte der Praktiker mit der allmählich
besseren Vorbildung nicht nur an Gehalt, sondern auch in formeller
Beziehung, sodaß die rein kameralistische Schule in den Hintergrund
gedrängt wurde und sich an dem ferneren Ausbau der Forstwissenschaft,
wenigstens nach der technischen Seite, nicht weiter beteiligte.

Die forstlichen Autoren um die Wende des 18. und 19. Jahr=
hunderts behandelten ebenfalls, wie die Kameralisten, meist das ganze
Wissensgebiet encyklopädisch.

Als hierher gehörige Werke sind besonders zu nennen: Burgsdorf,
Forsthandbuch 1788 und 1796, G. L. Hartig, Lehrbuch für Förster
1808, H. Cotta, Grundriß der Forstwissenschaft, Pfeil, vollständige
Anleitung zur Behandlung, Benutzung und Schätzung der Forsten,
1820 und 1821.

In systematischer Beziehung steht die von Hundeshagen heraus=
gegebene Encyklopädie der Forstwissenschaft, 1821 und 1822, obenan.

Bechstein's[1]) Unternehmen, eine große, aus Monographien zu=
sammengesetzte Encyklopädie herauszugeben, war noch verfrüht sowie
auch zu breit angelegt und konnte deshalb nicht zu Ende geführt
werden.

Etwa mit dem Jahre 1830 schließt die Reihe der älteren Ency=
klopädien; erst in neuerer Zeit taucht das Bedürfnis nach einer der=
artigen Zusammenfassung des bisher Geleisteten wieder auf, welchem

---

[1]) Bechstein, Johann Matthäus, Dr. phil., geb. 1757 in Walters=
hausen, seit 1800 Direktor der Forstakademie zu Dreißigacker, wo er 1822 starb.

die Werke von Heß, Lorey, Fürst und Dombrowski nach verschiedener Methode zu genügen streben.

Neben der encyklopädischen Behandlung des ganzen Gebietes sind schon zu Ende des 18. und zu Anfang des 19. Jahrhunderts Spezialarbeiten über einzelne Disziplinen erschienen, von denen als die ältesten zu nennen sind: Hennert, Anweisung zur Taxation der Forsten, 1791, G. L. Hartig, Anweisung zur Holzzucht für Förster und dessen: Anweisung zur Taxation der Forsten, 1795, Cotta, systematische Anleitung zur Taxation der Waldungen, 1803 und 1804, sowie Cotta, Anweisung zum Waldbau, 1817.

Etwa seit 1820 hat sich die Zahl dieser Spezialschriften rasch vermehrt, welche, dem praktischen Bedürfnisse entsprechend, in erster Linie: Waldbau, Forsteinrichtung und Forstbenutzung behandelten.

Unter den zahlreichen Schriften über den Waldbau dürften neben den bereits genannten von Hartig und Cotta noch folgende hervorzuheben sein: Gwinner,[1]) der Waldbau in kurzen Umrissen, 1834, Stumpf, Anleitung zum Waldbau, 1850, C. Heyer, Waldbau, 1854, Burckhardt, Säen und Pflanzen, 1855, Pfeil, deutsche Holzzucht, 1860.

Die neueste Reformperiode dieser Disziplin begann mit Gayer's epochemachendem „Waldbau", 1880, an welchen sich in rascher Folge die Schriften von Wagener, Ney und Borggreve angeschlossen haben.

Während der letzten 40 Jahre ist auch eine Reihe trefflicher Monographien über die Bewirtschaftung einzelner Holzarten oder die verschiedenen Betriebsarten erschienen, so u. a. Grebe, der Buchenhochwaldbetrieb, 1856, Gerwig, die Weißtanne im Schwarzwald, 1868, Fürst, die Pflanzenzucht im Wald, 1882.

Auf dem Gebiete der Forstbenutzung sind im Gegensatz zum Waldbau weniger systematische Bearbeitungen der ganzen Disziplin als vorwiegend Monographien über einzelne Abschnitte derselben anzuführen.

---

[1]) von Gwinner, Wilhelm Heinrich, Dr. phil., geb. 1801 in Öhisheim. Dozent an der Akademie Hohenheim, Forstrat in Stuttgart und zuletzt fürstl. Sigmaringischer Generalbevollmächtigter in Bistritz (Böhmen), gest. daselbst 1866.

Lehrbücher der Forstbenutzung haben geschrieben: Pfeil, 1831, König, 1851, und Gayer, 1863.

Von der reichen Litteratur über einzelne Zweige der Forstbenutzung mögen genannt werden: Jägerschmid, Handbuch für Holztransport und Floßwesen, 1827/28, Th. Hartig, über das Verhältnis des Brennwertes verschiedener Holz= und Torfsorten, 1855, Nördlinger, die technischen Eigenschaften der Hölzer, 1860, Schuberg, der Waldwegebau und seine Vorarbeiten, 1873, Förster, das forstliche Transportwesen, 1885.

Eine sehr gute Zusammenstellung der äußerst reichhaltigen Litteratur über Waldstreu hat Weber[1]) geliefert.

Die Geschichte der Litteratur über das **Forsteinrichtungswesen** ist eng verknüpft mit der Entwicklung dieser Disziplin selbst, indem die Begründer der verschiedenen Methoden dieselben meist in eigenen Schriften veröffentlichten, so: Oettelt, praktischer Beweis, daß die Mathesis beim Forstwesen unentbehrliche Dienste thue, 1765, Maurer, Betrachtungen über einige sich neuerlich in die Forstwissenschaft eingeschlichene irrige Lehrsätze und Künsteleien, 1783, Schilcher,[2]) über die zweckmäßigste Methode, den Ertrag der Waldungen zu bestimmen, 1796, Klipstein, Versuch einer Anweisung zur Forstbetriebsregulierung, Hundeshagen, die Forstabschätzung, 1826, C. Heyer, die Waldertragsregelung 1841, Judeich, die Forsteinrichtung, 1871 u. u. m. a.

Den Charakter von Lehrbüchern tragen: Hoßfeld, die Forsttaxation nach ihrem ganzen Umfange, 1823—1825, Pfeil, die Forsttaxation, 1833, Albert,[3]) Lehrbuch der forstlichen Betriebsregulierung, 1861, Grebe, die Betriebs= und Ertragsregulierung der Forsten, 1867.

---

[1]) Ganghofer, das forstliche Versuchswesen, 2. Bd. 1. H. Augsburg 1882, Einleitung zu den Arbeitsplänen über Streuversuche.

[2]) Schilcher, Franz Sales, geb. 1766 in Pflugdorf, gest. 1843 in München als Präsident des obersten Rechnungshofes, er hat eine sehr geistreiche, aber in der Praxis nicht zur Anwendung gekommene Methode der Ertragsregelung entwickelt.

[3]) Albert, Joseph, Dr. oec. publ., geb. 1827 in Wiesentheid, gest. 1890 in München, von 1869 bis 1878 Professor an der Centralforstlehranstalt Aschaffenburg.

§ 71. **Entwicklung der mathematischen Richtung der Forstwissenschaft.**

Von den verschiedenen Grund- und Hilfswissenschaften der Forstwissenschaft war die Mathematik am frühesten durchgebildet und einer Anwendung für die Zwecke der Forstwissenschaft fähig, welche auch das praktische Bedürfnis der sich entwickelnden Forsttaxation ebenso sehr forderte als begünstigte.

Alle Methoden der Betriebsregulierung, welche sich nicht nur auf die Masse, sondern bald in höherem, bald in geringerem Maße auch auf die Flächenteilung stützten, hatten eine möglichst sorgfältige Forstvermessung zur Voraussetzung. Eine solche wurde deshalb nicht nur von den betr. Autoren verlangt, sondern es hatte die Ausbildung des Forsteinrichtungswesens auch den Erlaß von verschiedenen Instruktionen über Forstvermessung und Kartierung zur Folge (Wedell 1766, Kropff 1783, Hennert 1787, Hartig 1819 u. a. m.).

Einen erheblichen Fortschritt bahnte Däzel dadurch an, daß er den Theodoliten und die polygonometrische Methode in die Forstvermessung einführte, deren Anwendung zuerst im Großherzogtum Hessen zu Anfang der 1820er Jahre allgemein vorgeschrieben wurde.

In den übrigen Staaten blieben Meßtisch und Bussole für diese Zwecke noch lange ausschließlich in Anwendung, seit etwa 20 Jahren sind dieselben, in Deutschland wenigstens, allmählich durch den Theodoliten vollständig verdrängt worden.

Von den verschiedenen Werken, welche die Forstvermessung systematisch behandelten, sind besonders zu nennen: Ernst Friedrich Hartig, praktische Anleitung zum Vermessen und Chartieren der Forste, 1828; Kraft, die Anfangsgründe der Theodolitmessung und der ebenen Polygonometrie und Baur, Lehrbuch der niederen Geodäsie, 1858.

Die erste Anleitung, die Masse eines Stammes zu berechnen, rührt von Oettelt her, welcher zu diesem Zweck die Formel des geradseitigen Kegels empfahl; für entwipfelte Stämme war gegen Ende des 18. Jahrhunderts meist die Formel des geglichenen Durchmessers $\frac{\pi}{4}\left(\frac{d_1 + d_2}{2}\right)^2 h$ üblich.

Die Berechnung als abgekürztes Paraboloid wurde zwar schon

1781 in Krünitz' „Ökonomische Encyklopädie" anempfohlen, ist aber erst durch die preußische Revierförsterinstruktion von 1817 und den bayerischen Salinenforstinspektor Huber allgemeiner eingeführt worden.

Die Kluppen kamen seit Anfang des 19. Jahrhunderts zur Stärkemessung in Anwendung, während für die Höhenmessung schon seit der Mitte des 18. Jahrhunderts verschiedene Instrumente üblich waren.

Um den Festgehalt des in Raummaßen aufgeschichteten Holzes kennen zu lernen, stellte bereits Oettelt Untersuchungen auf stereometrischem und Hennert solche auf xylometrischem Wege an, die zu letzterem Zweck erforderlichen Apparate wurden späterhin namentlich von Reißig[1]) und Klauprecht[2]) verbessert.

Die erste Idee Formzahlen zur Ermittlung des Festgehaltes stehender Bäume zu benutzen, rührt von Paulsen her, welcher für die Buche je nach der Kronenausbildung drei Reduktionszahlen 0,75, 0,66 und 0,50 unterschied. Die Formel zur Berechnung der Formzahlen entwickelte Hoßfeld 1812. Hundeshagen, König und Smalian[3]) haben die Lehre von den Formzahlen erheblich gefördert, letzterer gab 1837 auch den Begriff der ächten Formzahlen, welche von Preßler weiter ausgebaut wurde.

Die ältesten Massentafeln hat Cotta 1804 veröffentlicht, König gab alsdann 1813 solche Tafeln für die wichtigsten Waldbäume nach fünf Wachstumsklassen heraus. Ein Werk von langdauernder Bedeutung hat die bayrische Forstverwaltung durch die Herstellung der bayrischen Massentafeln geschaffen, welche im Laufe der 1840er Jahre unter Leitung des Forstrates Spitzel bearbeitet worden sind. Dieselben wurden vielfach in andere Maße umgerechnet (ins Metermaß von Behm 1872 und Ganghofer 1875) und haben sich bis zur Gegenwart in der Praxis behauptet, soweit sie nicht von den neueren, vom Verein der forstlichen Versuchsanstalten ermittelten Massentafeln ersetzt wurden.

---

[1]) Reißig, Jakob, Dr. phil., geb. 1800 auf dem Krähenberg bei Beerfelden, Ministerialsekretär im Finanzministerium, gest. 1860 in Darmstadt.

[2]) Klauprecht, Johann Ludwig Joseph, Dr. phil., geb. 1798 in Mainz, 1834—1867 Professor und Forstrat am Polytechnikum in Karlsruhe, dessen Direktor er von 1848—1857 war, gest. 1883 in Karlsruhe.

[3]) Smalian, Heinrich Ludwig, geb. 1785 zu Lohra, gest. 1848 als Oberforstmeister zu Stralsund.

Der erste, welcher eine spezielle Aufnahme der vorhandenen Holzmasse durchführte, war J. G. Beckmann. Derselbe umspannte ein möglichst großes Stück Wald mit Bindfaden und ließ in jeden Baum einen Birkennagel einschlagen, dessen Farbe je nach der Stärkeklasse, welcher der Baum angehörte, verschieden war. Aus der Differenz der zu Anfang und Ende der Messung vorhandenen Anzahl Nägel wurde der Holzvorrat berechnet.

Zweckmäßigere Verfahren der Massenermittlung, welche ebenfalls auf Schätzung der einzelnen Bäume beruhten, lehrten Zanthier und Bierenklee.

Die Methode der Bestandesmassenermittlung nach dem mittleren Modellstamm rührt von Hoßfeld (1812 bezw. 1823) und Huber (1824) her. Feinere Methoden für diesen Zweck haben Draudt, Ulrich und R. Hartig entwickelt.

Schon Oettelt gab eine Anleitung zur Aufstellung von Ertragstafeln, aber erst Paulsen hat solche 1787 und 1795 veröffentlicht. Bei der hohen Bedeutung, welche die Ermittlung des Zuwachses, namentlich für die Massenfachwerke besitzt, wurde diesem Gegenstand seit Ende des 18. Jahrhunderts rege Aufmerksamkeit geschenkt und sind in der Folgezeit zahlreiche Ertragstafeln erschienen (Hennert 1791, Hartig 1795, Cotta 1817, Smalian 1837, Th. Hartig 1847, Schneider 1843 u. s. w.). Sämtliche leiden aber an dem Mißstand, daß ihnen zu wenig und nicht genügend genaue Beobachtungen zu Grunde liegen. Erst seitdem durch Gründung der forstlichen Versuchsanstalten Gelegenheit zur sorgfältigen Sammlung reichen Beobachtungsmateriales gegeben ist, besteht die Aussicht der Lösung dieses Problemes näher zu kommen.

Da die statistische Methode für die Ermittlung des Zuwachses aus dem angegebenen Grunde keine befriedigende Resultate lieferte, so benutzte man namentlich in Norddeutschland die direkte Untersuchung des Zuwachses der betr. Bestände zur Ermittlung des Haubarkeitsertrages. Schon Seutter,[1] G. L. Hartig und Cotta

---

[1] von Seutter, Johann Georg, geb. 1769 in Altheim bei Ulm, gest. 1833 in Ludwigsburg, Forstmeister der Reichsstadt Ulm, später (1817) Direktor des württembergischen Forstrats zu Stuttgart und seit 1824 Direktor der Finanzkammer.

gaben eine Anleitung zur Ermittlung des Zuwachses für einen kurzen Zeitraum, indessen erfuhr die Zuwachslehre doch erst durch König eine bedeutende Förderung. Preßler hat dessen Ideen weiter ausgebaut und in gebrauchsgerechte Form gebracht sowie auch selbstständig der Zuwachslehre zahlreiche neue Gesichtspunkte eröffnet. In jüngster Zeit ist das Gebiet der Zuwachslehre und des Zuwachsprozentes u. a. namentlich von den forstlichen Versuchsanstalten, sowie von Borggreve und Weber bearbeitet worden.

Als Lehrbücher der Holzmeßkunde sind hervorzuheben: Smalian Beitrag zur Holzmeßkunst, 1837, Klauprecht, Holzmeßkunst, 1842, Baur, Holzmeßkunst, 1860 und Kunze, Holzmeßkunst, 1873.

Die Entwicklung der Waldwertberechnung ging Hand in Hand mit jener der Betriebsregulierung.

Als man den nachhaltigen Ertrag eines Waldes zu berechnen lernte, wurde der Wert durch Kapitalisierung der Gelderträge ermittelt. Oettelt machte den Vorschlag, die Größe der Waldfläche mit dem Ertrag der haubaren Flächeneinheit zu multiplizieren und das halbe Produkt als Waldwert zu betrachten.

Für die Geschichte der Betriebsregulierung ist von besonderer Bedeutung ein österreichisches Hofkammerdekret von 1788 über die Grundsätze, nach welchen der Wert der zu veräußernden Klosterwaldungen ermittelt werden sollte.

Dasselbe bestimmte, daß für den betr. Wald zunächst der mögliche Ertrag und der zu demselben gehörige Normalvorrat (fundus instructus) zu erheben sei. Der erstere gab nach Abzug der Steuern und Regiekosten, mit 5% kapitalisiert, den normalen Waldwert, welcher um die Differenz zwischen dem fundus instructus und dem wirklichen Vorrat erhöht oder erniedrigt werden mußte.

Dieses Hofkammerdekret enthält die Grundlagen der später als österreichische Kameraltaxe bekannt gewordenen Forsteinrichtungsmethode.

Die Feldjäger Bein und Eyber wiesen schon 1799 darauf hin, daß man den gegenwärtigen Ertrag eines Waldes dann nicht als die zu kapitalisierende Rente ansehen könne, wenn die Einnahmen aus demselben ungleich eingingen und sein Etat steigend sei.

Nördlinger[1]) und Hoßfeld erwiderten auf diesen Artikel im III. Band der „Diana" (1805) und entwickelten dabei die Methode des Erwartungswertes, wodurch der Grund zur heutigen Waldwertberechnung gelegt wurde.

Cotta und Hartig beschäftigten sich ebenfalls mit den Problemen der Waldwertberechnung. Ersterer kapitalisierte den Nettoertrag mit 3 %, Hartig berechnete nach seiner Anleitung zur Waldwertberechnung von 1812 Bodenwert und Bestandeswert gesondert, ersteren setzte er gleich dem kapitalisierten Nettojahresertrag, letzteren berechnete er durch Addition der einzelnen Erträge, welche mit einfachen Zinsen diskontiert wurden.

König gab bereits 1813 die erste mit Unterstellung des aussetzenden Betriebes geführte und in allen ihren Teilen richtige Berechnung des Erwartungswertes eines nackten Waldbodens und Wiedemann lehrte 1828 die Berechnung des Bestandeserwartungswertes, doch fehlt in seiner Formel die Bezeichnung der Ausgaben.

Die heute übliche Formel des Bodenerwartungswertes wurde von Faustmann[2]) 1849 und jene des Bestandeserwartungswertes von Oetzel 1854 angegeben.

Preßler, Breymann, G. Heyer[3]) und Bose haben an der Weiterbildung der Methode der Waldwertberechnung eifrig gearbeitet, während Burckhardt mehr die praktische Seite dieses Gebietes behandelte.

Große Meinungsverschiedenheit bestand lange Zeit über die bei der Waldwertberechnung anzuwendende Art der Zinsesberechnung. Schon ein Artikel in Stahls Forstmagazin von 1764 rechnete mit Zinseszinsen, das gleiche thaten Nördlinger und Hoßfeld sowie

---

[1]) von Nördlinger, Julius Simon, geb. 1771 in Pfullingen, gest. 1860 in Stuttgart, seit 1840 Chef des württembergischen Forstwesens, von 1849 ab Vorsitzender der Forstdirektion.

[2]) Faustmann, Martin, geb. 1822 in Gießen, gest. 1876 als Oberförster in Babenhausen.

[3]) Heyer, Gustav, Dr. phil., geb. 1826 in Gießen, gest. 1883 in der Amper bei Fürstenfeldbruck, 1853 außerordentlicher, 1857 ordentlicher Professor der Forstwissenschaft an der Universität Gießen, 1868 Direktor der Forstakademie München, 8178 Professor der Forstwissenschaft an der Universität München.

anfangs (1804) auch Cotta, doch wandte dieser später (1818) arithmetisch-mittlere Zinsen an. Bein und Eyber wollten dagegen nur beschränkte Zinseszinsen, Hartig rechnete ausschließlich mit einfachen Zinsen, nahm aber einen ziemlich hohen Zinsfuß an und ließ denselben periodisch nicht unbeträchtlich steigen.

Dem Beispiele von Hartig und Cotta folgten noch verschiedene andere Autoren. So empfahl Schramm (unter dem Pseudonym: Moosheim) 1829 die Rechnung mit geometrisch mittleren Zinsen, welche auch von Gehren[1]) 1835 und Hierl 1852 adoptierten. Durch Burckhardt wurde die Rechnung mit beschränkten Zinseszinsen nochmals in die Litteratur eingeführt.

Hundeshagen, König, Pfeil, Preßler und alle übrigen neueren forstlichen Autoren erklärten sich ausschließlich für die Anwendung von Zinseszinsen.

Schon sehr frühzeitig ist die erste forststatische Untersuchung erschienen, indem der, wahrscheinlich von Zanthier verfaßte, „kurze systematische Grundriß der Forstwissenschaft" 1764 in streng wissenschaftlicher Art eine Vergleichung der Rentabilität verschiedener Betriebsarten anstellt.

Jeitter[2]) unterschied 1789 eine physische und ökonomische Haubarkeit, und Seutter bezeichnete 1799 den Moment der Kulmination des Durchschnittszuwachses als das richtige Abtriebsalter.

Pfeil erklärte bereits 1820 die entsprechende Verzinsung des Bodenkapitales als die Aufgabe der Forstwirtschaft, einige Jahre später (1823 und 1824) lehrte er dann weiter noch, daß die vorteilhafteste Umtriebszeit jene sei, für welche sich der größte Bodenwert berechne.

Während nach seiner ursprünglichen Ansicht die gleichen Grundsätze für die Staatsforstwirtschaft wie für die Privatforstwirtschaft angewendet werden sollten, verwarf er späterhin für die Staatsforsten die Geldwirtschaft.

Als Begründer der Lehre von der forstlichen Statik ist

---

[1]) von Gehren, Edmund Franz, geb. 1798 in Kopenhagen, gest. 1880 in Kassel, wo er seit 1860 als kurhessischer und später als preußischer Oberforstmeister thätig war.

[2]) Jeitter, Johann Melchior, geb. 1757 in Kleineppach, 1818—1825 Professor in Hohenheim, gest. 1842 in Beutelsbach.

Hundeshagen anzuführen, von dem auch die Definition derselben als „Meßkunst der forstlichen Kräfte und Erfolge" herrührt.

König hat an dem Ausbau der Methoden der forstlichen Rentabilitätsberechnung eifrig fortgearbeitet, allein in weitere Kreise drang diese Lehre erst durch das energische Auftreten von Preßler. Das Erscheinen seines „rationellen Waldwertes" 1858 veranlaßte einen äußerst lebhaften, langjährigen Kampf, in welchem Preßler lange Zeit fast isoliert stand.

Durch die Arbeiten von Judeich, G. Heyer, Lehr u. a. ist diese Frage erheblich geklärt und auf den richtigen Weg zurückgeführt worden, während die Diskussion derselben vom forstlichen und allgemein wirtschaftlichen Standpunkt aus durch Burckhardt, Baur, Bose, Danckelmann, Fischbach ꝛc. äußerst fruchtbringend für die Weiterentwicklung der forstlichen Technik geworden ist.

Um die Materialien für eine richtige Rentabilitätsberechnung zu schaffen, hat schon C. Heyer 1845 in seinem „Aufruf zur Gründung eines forststatischen Vereines" die Anstellung exakter Versuche gefordert.

Wenn auch sein Streben infolge verschiedener Umstände zunächst nur geringen Erfolg hatte, so war hiermit doch der Anstoß zur Gründung der forstlichen Versuchsanstalten gegeben, welche zu Anfang der 1870er Jahre in fast allen deutschen Staaten erfolgte. Seit 1872 sind die forstlichen Versuchsanstalten in einem besonderen Verein zu gemeinsamer Arbeit verbunden.

§ 72. Entwicklung der naturwissenschaftlichen und staatswirtschaftlichen Richtung.

Ungleich langsamer als die Forstmathematik hat sich die naturwissenschaftliche Richtung der Forstwissenschaft entwickelt.

Auf dem Gebiet der Forstbotanik ist ein französischer Gelehrter, Duhamel du Monceau[1]) bahnbrechend vorangegangen, welcher besonders in der Pflanzenanatomie hervorragendes geleistet hat. Duhamel stellte zahlreiche wertvolle Beobachtungen auf dem Gebiet der Forstbotanik und des Waldbaues an, wobei er stets die Anwendung der wissenschaftlichen Lehren für die Praxis im Auge hatte.

---

[1]) Duhamel du Monceau, Henry Louis, geb. 1700 in Paris, gest. daselbst 1782 als Marineinspektor und Mitglied der Akademie der Wissenschaften.

Die meisten seiner Schriften, namentlich auch sein berühmtes Werk „Physique des arbres", erschienen 1758, wurden vom Amtmann des Nürnberger Sebaldiwaldes, Oelhafen von Schöllenbach, übersetzt und so den deutschen Forstleuten zugänglich gemacht, welche lange Zeit aus ihnen den besten Teil ihres forstbotanischen Wissens schöpften.

Der bedeutendste unter den Forstbotanikern des 19. Jahrhunderts war Gleditsch,[1]) welcher in seiner „Systematischen Einleitung in die neuere, aus ihren eigentümlichen physikalischen und ökonomischen Gründen hergeleiteten Forstwissenschaft" namentlich den beschreibenden Teil der Forstbotanik recht gut bearbeitete.

Vortreffliche Monographien über Eiche und Buche nach ihrem botanischen und forstlichen Verhalten hat Burgsdorf geliefert. In ähnlicher Weise sollten auch die übrigen Holzarten behandelt werden, infolge seines veränderten Wirkungskreises vermochte er jedoch dieses groß angelegte Unternehmen nicht zu Ende zu führen.

Zu Anfang des 19. Jahrhunderts sind fast gleichzeitig zwei für jene Zeit ganz hervorragende Arbeiten auf dem Gebiete der Pflanzenphysiologie erschienen, nämlich: „Naturbeobachtungen über die Bewegung und Funktion des Saftes in den Gewächsen mit vorzüglicher Hinsicht auf die Holzpflanzen" von H. Cotta 1806, und „System einer auf Theorie und Erfahrung gestützten Lehre über die Einwirkung der Naturkräfte auf die Erziehung und Ernährung der Forstgewächse" von Johann Friedrich Christian Meyer[2]) 1808.

Während der ersten Hälfte des 19. Jahrhunderts wurde von forstlicher Seite fast ausschließlich nur die spezielle Forstbotanik und das forstliche Verhalten der Waldbäume bearbeitet, so von: Walther,[3]) Borkhausen,[4]) Bechstein, Reum,[5]) Behlen,[6]) Döbner[7]) u. a. m., am weiteren Ausbau der Anatomie und Physiologie hat sich von den Forstbotanikern nur Theodor Hartig und in neuester Zeit Robert Hartig ebenso eifrig als erfolgreich beteiligt.

---

[1]) Gleditsch, Johann Gottlieb, Dr. med., geb. 1714 in Leipzig, gest. 1786 in Berlin als Professor der Botanik am Collegium medico-chirurgicum.

[2]) Meyer, Johann Christian Friedrich, Dr. phil., geb. 1777 in Eisenach, 1818—1841 Regierungs- und Kreisforstrat in Ansbach, wo er 1854 starb.

[3]) Walther, Friedrich Ludwig, Dr. phil., geb. 1759 zu Schwenningen (bei Ansbach), gest. 1824 als Professor der Kameralwissenschaft zu Gießen.

(Fortsetzung der Noten auf Seite 165).

Die Pathologie der Holzgewächse ist zuerst von Willkomm und dann von Robert Hartig bearbeitet worden.

Noch langsamer als die Forstbotanik hat sich die Forstzoologie entwickelt.

Die Biologie der jagdbaren Tiere wurde zwar häufig behandelt, allein meist unter Wiederholung alter Fabeln.

Noch tiefer stand die Kenntnis der forstschädlichen Insekten, bis die ausgedehnten Kalamitäten, welche zu Ende des 18. Jahrhunderts namentlich am Harz durch dieselben verursacht wurden, die Veranlassung boten, sich auch mit diesem Gegenstand näher zu beschäftigen.

Die erste ordentliche Beschreibung des Bostrychus typographus oder, wie man damals sagte, des „kleinen schwarzen Wurmes" liefert Cramer in seiner „Anleitung zum Forstwesen". Bleibenden Wert besitzt die Abhandlung Gmelins, Professors der Arzneiwissenschaft in Göttingen, „Über die Wurmtrocknis" 1787, welche nicht nur eine sehr gute Biologie des Fichtenborkenkäfers, sondern auch zahlreiche Aktenstücke über die Insektenbeschädigungen am Harz bringt.

Gleditsch und Burgsdorf lieferten in ihren Handbüchern nur eine dürftige und ziemlich fehlerhafte Besprechung der Forstinsekten. Höher stehen die Arbeiten von Borkhausen (Naturgeschichte der europäischen Schmetterlinge 1780—1794) und Bechstein (Forstinsektologie 1818 und Jagdzoologie 1820).

Im 19. Jahrhundert sind vor allem das epochemachende Werk von Ratzeburg[8]) „die Waldverderber und ihre Feinde" 1841

---

[4]) Borkhausen, Moritz Balthasar, geb. 1760 zu Gießen, zuletzt Kammerrat zu Darmstadt, wo er 1806 starb.

[5]) Reum, Johann Adam, Dr. phil., geb. 1780 in Altenbreitungen, Professor der Mathematik und Forstbotanik an der Akademie Tharand, gest. 1839 dortselbst.

[6]) Behlen, Stephan, geb. 1784 in Fritzlar, 1821—1832 Professor der Naturgeschichte an der Forstschule Aschaffenburg, 1833—1835 Rektor der dortigen Gewerbeschule, gest. 1847 in Aschaffenburg.

[7]) Döbner, Edmund Philipp, Dr. phil., geb. 1810 zu Augsburg, von 1844—1876 Professor der Naturwissenschaften an der Zentralforstlehranstalt Aschaffenburg, gest. daselbst 1890.

[8]) Ratzeburg, Julius Theodor Christian, Dr. med., geb. 1801 zu Berlin, gest. 1871 daselbst, von 1831—1869 Professor und Lehrer sämtlicher Naturwissenschaften an der Forstakademie Eberswalde.

sowie die Arbeiten von Th. Hartig, Altum und Eichhoff zu nennen.

Handbücher der Forstzoologie wurden herausgegeben von: Döbner, Opel und Altum.

Unter den Arbeiten auf dem Gebiet der forstlichen Zoologie sind noch ferner anzuführen, wenn auch nur teilweise hierher gehörig, die Werke über Jagdkunde (siehe unten S. 176) sowie über Forstschutz. Letzterer ist bearbeitet worden von Laurop,[1]) Bechstein, Pfeil, Kauschinger, Heß und Nördlinger.

Höchst dürftig und ungenügend war die Darstellung, welche Bodenkunde und Standortslehre in den Encyklopädien von Burgsdorf, Walther, Späth, Egerer und Hartig gefunden haben. Auch die Lehrbücher über Bodenkunde von Krutzsch[2]) 1827, Behlen 1826 und Hundeshagen 1830 sind vom modernen Standpunkt aus nicht weiter zu beachten. Erst die Arbeiten von Senft (Lehrbuch der Gebirgs- und Bodenkunde, 1847), Grebe[3]) (Gebirgskunde, Bodenkunde und Klimalehre, 1856) und G. Heyer (Lehrbuch der forstlichen Klimatologie und Bodenkunde, 1856) enthalten eine dem jeweiligen Stande der Wissenschaft entsprechende Darstellung, fassen aber doch als Lehrbücher in der Hauptsache nur das bereits Bekannte zusammen.

Eigentliche Forschungen auf diesem Gebiet sind erst während der letzten 30 Jahre durch Ebermayer, Schröder, Weber, Ramann u. a. vorgenommen worden.

Noch langsamer entwickelte sich die Lehre von der klimatischen Bedeutung des Waldes, für welche durch die Begründung der forstlich meteorologischen Stationen im Laufe der 1860er Jahre die Beschaffung des nötigen Grundlagenmateriales ermöglicht worden ist. Neben den älteren Werken von Klauprecht (die Lehre vom Klima,

---

[1]) Laurop, Christian Peter, geb. 1772 in Schleswig, gest. 1858 in Karlsruhe, 1807—1842 Oberforstrat und Mitglied der forstlichen Zentralstelle in Baden, von 1832—1847 Lehrer der Forstwissenschaft am Polytechnikum in Karlsruhe.

[2]) Krutzsch, Karl Leberecht, geb. 1772 in Wünschendorf (Erzgebirge), gest. 1852 in Tharand, wo er von 1814—1849 als Lehrer für Naturwissenschaften thätig war.

[3]) Grebe, Karl Friedrich August, Dr. phil., geb. 1816 zu Großenritte, gest. 1890 zu Eisenach, seit 1850 Direktor der dortigen Forstlehranstalt und Chef des weimarischen Forsteinrichtungswesens.

1840) Grebe und G. Heyer ist auf diesem Gebiet vor allem Ebermayer „Die physikalischen Einwirkungen des Waldes auf Luft und Boden", 1873, zu nennen.

Die geringsten Fortschritte hat die nationalökonomische Seite der Forstwissenschaft gemacht.

Hier hielten die Kameralisten, wie Schmalz, Soden, Murhard, Lotz, Hazzi ꝛc., noch die Verbindung mit der Forstwissenschaft aufrecht, während die technische Seite derselben schon längst ausschließlich von Forstleuten bearbeitet wurde. Infolge ihres Bildungsganges huldigten erstere fast ausnahmslos der Freihandelstheorie und forderten demgemäß Veräußerung der Staatswaldungen sowie völlige Freigabe der Gemeinde- und Privatforstwirtschaft; nur einige, wie z. B. Sartorius, nahmen eine vermittelnde Stellung ein.

Die hierher gehörigen forstlichen Schriftsteller: G. L. Hartig, Seutter, Meyer, Laurop, Späth, Wedekind vertraten den älteren Standpunkt fast absoluter polizeilicher Bevormundung, nur Pfeil stand anfangs auf dem freihändlerischen Standpunkt, änderte aber späterhin seine Ansichten sehr bedeutend.

Nach dem Aussterben der älteren, noch kameralistisch gebildeten Generation ist infolge der lange Zeit höchst ungenügenden volkswirtschaftlichen Vorbildung der Forstleute auf dem Gebiete der Forstpolitik ziemlicher Stillstand eingetreten, und auch die moderne Richtung der Nationalökonomie mit ihrer gerade für die Forstpolitik so wichtigen Auffassung von der Stellung und den Aufgaben des Staates hat in der forstlichen Litteratur noch viel zu wenig Beachtung gefunden.

Die Lehre von der Forstpolitik wurde bis in die neueste Zeit herein gewöhnlich als „Staatsforstwirtschaftslehre" bezeichnet und früher häufig mit der Lehre von der Organisation der Forstverwaltung als „Forstdirektionslehre" zusammengefaßt.

Von den Schriftstellern, welche dieses Gebiet systematisch bearbeitet haben, sind hervorzuheben: Seutter, G. L. Hartig, Meyer, Laurop, Pfeil, Berg und Albert.

§ 73. Das forstliche Unterrichtswesen.

Bis zur Mitte des 18. Jahrhunderts erfolgte die Ausbildung der Forstbeamten durch eine, im wesentlichen nach Art der Zünfte, eingerichtete zwei- bis dreijährige Lehrzeit bei einem sog. Lehrprinzen.

Während derselben war das Hauptgewicht auf Erlernung der Jagd gerichtet, die forstlichen Kenntnisse sollte sich der Lehrling nebenbei hauptsächlich durch eigene Anschauung, sowie durch Fragen bei Köhlern und Holzhauern erwerben. Nach überstandener Lehrzeit wurde der Lehrling in feierlicher Weise losgesprochen oder „wehrhaft" gemacht, ging dann, wie der Handwerksgeselle, einige Zeit auf die Wanderschaft und suchte schließlich irgendwo unterzukommen.

Wenn auch schon zu Anfang des 18. Jahrhunderts die sich aus diesem Bildungsgang ergebenden Schattenseiten so stark hervortraten, daß in verschiedenen Verordnungen eine Abänderung desselben angestrebt wurde, so begann eine Besserung doch erst in der Zeit, als sich das Forstwesen von der Unterordnung unter die Jagd losgerungen hatte.

Seitdem von den Aspiranten auch ein größeres Maß von forstlichem Wissen gefordert wurde, mußte bei Auswahl der Lehrherren darauf gesehen werden, daß diese die Gelegenheit dazu boten, sich solches anzueignen.

Da aber Persönlichkeiten, welche die Fähigkeit und Neigung besaßen, junge Leute forstlich auszubilden, in der zweiten Hälfte des 18. Jahrhunderts noch ziemlich selten waren, so sammelte sich bei solchen bald eine größere Anzahl von Eleven, wodurch die Notwendigkeit gegeben war, den Unterricht einigermaßen systematisch einzurichten. Auf diese Weise entwickelte sich der älteste Unterricht in den sog. Meisterschulen, welche äußerlich noch ganz die Form der alten Lehre beibehielten.

Die erste Meisterschule wurde von Zanthier um 1763 in Wernigerode am Harz begründet und später nach Ilsenburg verlegt; mit Zanthiers Tod ging dieselbe, wie fast alle derartige Schulen, welche lediglich der Person des Lehrherrn ihr Entstehen verdankten, wieder ein.

Ähnliche Meisterschulen entstanden während der letzten Zeit des 18. Jahrhunderts in größerer Anzahl, es wurden solche ins Leben gerufen u. a.: von Hase in Lauterberg 1780, Heinrich Cotta in Zillbach 1785, Uslar in Herzberg 1790, G. L. Hartig in Hungen 1791, Drais in Gernsbach 1795, Klipstein zu Hohensolms, später zu Lich, 1800. In Östreich wurden ebenfalls einige kleine Privatinstitute errichtet, so zu Krumau und Eisgrub.

Auch von Seite der Staaten wurde gegen Ende des 18. Jahrhunderts mehrfach Gelegenheit zur forstlichen Ausbildung geboten.

In Preußen erhielt Gleditſch 1770 den Auftrag, für die Feldjäger und andere junge Leute in Berlin Vorleſungen zu halten. Nach ſeinem Tode trat Burgsdorf an die Spitze der Schule, welche indeſſen bald nach 1802 erloſch.

In Bayern wurde 1790 eine Forſtſchule in München eröffnet, dieſelbe wurde 1803 nach Weihenſtephan verlegt, hörte aber 1806 ebenfalls auf.

In Württemberg hatte Herzog Karl angeordnet, daß ſeit 1772 an der militäriſchen Pflegſchule zu Solitude auch forſtlicher Unter‑ richt erteilt wurde, außerdem war 1783 zu Hohenheim eine Förſter‑ ſchule eingerichtet worden, allein beide Anſtalten wurden nach dem Tode des Herzogs Karl 1793 wieder aufgelöſt.

Alle dieſe Inſtitute hatten nur geringen Erfolg, weil ihr Beſuch nicht obligatoriſch und auch meiſt dem Bildungsgrade der Schüler nicht angemeſſen war. Letzterem ſowohl als auch dem praktiſchen Bedürfniſſe entſprachen damals die Meiſterſchulen weit beſſer.

Auf verſchiedenen Univerſitäten wurde in der zweiten Hälfte des 18. Jahrhunderts zwar ebenfalls Forſtwiſſenſchaft vorgetragen, allein die betr. Vorleſungen waren nur für Kameraliſten, nicht für Forſtleute beſtimmt.

Die nächſte Stufe des forſtlichen Unterrichts iſt durch die forſt‑ liche Mittelſchule charakteriſiert. Dieſe entwickelte ſich in einzelnen Fällen durch Vermehrung der Lehrkräfte aus den Meiſterſchulen, ſo wandelte ſich die Meiſterſchule G. L. Hartig's zu Dillenburg 1796 in eine forſtliche Mittelſchule um; ſeit 1795 ſtieg Zillbach durch landes‑ herrliche Unterſtützung zu einer ſolchen empor, bei der Meiſterſchule Königs zu Ruhla geſchah das gleiche ſeit 1813.

Seit Anfang des 19. Jahrhunderts wurden aber auch zahlreiche forſtliche Mittelſchulen als ſolche gegründet.

Bechſtein rief 1801 in Dreißigacker und G. L. Hartig 1807 ſein Forſtlehrinſtitut in Stuttgart als Privatunternehmen ins Leben. In Baden errichtete Laurop eine Privatforſtlehranſtalt zu Karlsruhe.

Wie gering anfangs das Anſehen dieſer Forſtſchulen in den Augen der Praktiker war, geht daraus hervor, daß noch 1805 ausdrücklich bemerkt werden mußte, das Abſolutorium von Dreißigacker ſei einem Lehrbriefe über abſolvierte Forſt‑ und Jagdlehre gleichzuachten!

Um 1820 gewann in dem Chaos, in welchem Lehre, Meiſter‑

schule, Privatforstinstitut, isolierte Staatsschule und Universitätsunterricht nebeneinander bestanden hatten, die isolierte Fachschule die Oberhand.

Die Zeit von 1820 bis 1850 ist charakterisiert als die Periode der forstlichen Mittelschule, welche wesentlich für den Standpunkt des sog. Revierförsters bestimmt war.

Diese Institute waren nunmehr sämtlich Staatsanstalten, indem die noch vorhandenen Privatinstitute verschwanden oder von den Staaten übernommen wurden.

In dieser Periode wurden gegründet oder organisiert: Eberswalde 1830, Aschaffenburg 1820 bezw. 1844, Hohenheim 1820 bezw. 1825, Mariabrunn 1813.

Die organische Verbindung des forstlichen Unterrichts mit einer Universität wurde zuerst in Gießen 1831 durchgeführt, in Baden erfolgte 1832 die Errichtung einer Forstschule am Polytechnikum in Karlsruhe.

Etwa seit 1850 machte sich das Bedürfnis einer durchgreifenden Verbesserung des forstlichen Unterrichtswesens immer unabweisbarer fühlbar. Dieses Ziel ließ sich auf zwei Wegen erreichen. Es war einerseits möglich, die Lehrkräfte an den Fachschulen zu vermehren und den Unterrichtsplan entsprechend zu erweitern, wodurch dieselben zu Akademien emporstiegen, andererseits mußte aber schon aus finanziellen Rücksichten auch die Verlegung des forstlichen Unterrichtes an die allgemeinen Hochschulen in Betracht gezogen werden.

Über die Frage: Akademien oder allgemeine Hochschulen, entspann sich schon um 1840 ein mehrere Jahrzehnte hindurch dauernder heftiger Streit, welcher gelegentlich der Verhandlungen über diesen Gegenstand auf der Forstversammlung zu Freiburg 1874 und der damit zusammenhängenden Litteratur seinen Höhepunkt erreichte.

In der Praxis sind die beiden eben angedeuteten Wege betreten worden, und es ist anzuerkennen, daß auf jedem derselben Tüchtiges geleistet werden kann.

§ 74. Das forstliche Vereinswesen.

Der erste Versuch, durch Vereinigung zu gemeinsamer Arbeit und gegenseitigem Meinungsaustausch die Forstwissenschaft zu fördern, war in der von Bechstein 1796 zu Waltherhausen begründeten und 1800 nach Dreißigacker verlegten „Societät der Forst- und Jagdkunde" gemacht worden. Es war dieses aber kein Forstverein

im neueren Sinne, sondern eine Erweiterung der Bechsteinschen Lehr=
anstalt zu einer Akademie gelehrter Forstmänner. Als publizistisches Organ
derselben erschien von 1797 ab die Zeitschrift „Diana oder Gesellschafts=
schrift zur Erweiterung der Natur=, Forst= und Jagdkunde". Jährlich
fanden zwei ordentliche Sitzungen der Societät statt, in denen Thesen
aufgestellt und diskutiert wurden. Diese Einrichtung bestand bis 1843,
fristete aber schon seit 1820 nur mehr ein kümmerliches Leben.

Der erste wirkliche Forstverein war der 1820 gegründete Verein
der nassauischen Land= und Forstwirte, an welchen sich im
Laufe der Zeit, namentlich seit 1850, noch zahlreiche andere ange=
schlossen haben. Im ganzen bestehen z. Z. in Deutschland etwa 29 kleinere
Landes= und Provinzial=Forstvereine, Österreich zählt deren ungefähr 14.

Als Vereinigungspunkt der Forstwirte aus ganz Deutschland
diente lange Zeit die seit 1837 bestehende Versammlung deutscher
Land= und Forstwirte.

Da jedoch hier die Interessen der Forstwirtschaft in zweiter Linie
standen, so wurde schon 1838 auf Anregung von Wedekind verabredet,
daß, wenn die deutschen Land= und Forstwirte in Norddeutschland
tagten, in Süddeutschland eine Forstversammlung stattfinden solle.
Auf diese Weise entstand die Wanderversammlung süddeutscher
Forstwirte, aus welcher unter dem Einfluß der Ereignisse von 1866
auf der 20. Versammlung zu Aschaffenburg im Jahre 1869 die
Versammlung deutscher Forstmänner hervorgegangen ist.

§ 75. Die forstlichen Zeitschriften.

Die Beteiligung der Forstwirte an der Journallitteratur erfolgte
zuerst teils in den allgemein=litterarischen, teils in den kameralistischen
Zeitschriften. Als die ältesten Zeitschriften, in denen forstliche
Gegenstände besprochen wurden, sind zu nennen: die Leipziger
ökonomische Nachrichten (gegr. 1750), das Hamburgische
Magazin (gegr. 1748), die Stuttgarter ökonomisch=physi=
kalischen Auszüge (gegr. 1758) und die Göttinger gelehrten
Anzeigen (gegr. 1770).

Die erste speziell forstliche Zeitschrift war das „allgemeine
ökonomische Forstmagazin" von Stahl, 1763—1769 in
12 Bänden herausgegeben. 1776—1779 erschien als Fortsetzung
hiervon ein „Neueres Forstmagazin" unter der Redaktion des

turmainzischen Hofkammerrates Franzmadhes, ferner 1778 und 1779 zu Stuttgart die „Forst- und Jagdbibliothek" herausgegeben von Hoppe.

Bleibenden historischen Wert besitzt das „Forstarchiv zur Erweiterung der Forst- und Jagdwissenschaft und der forst- und jagdwissenschaftlichen Litteratur" von W. G. von Moser, 17 Bände 1788—1796, fortgesetzt mit G. W. Gatterer unter dem Titel „Neueres Forstarchiv" (18.—30. Band) 1796—1807.

Die erste Zeitschrift, welche unter der Redaktion eines Forstmannes herausgegeben wurde, war das „Journal für das Forst- und Jagdwesen" von Reitter[1]) (1790—1799).

Seit 1790 erschienen zahlreiche forstliche Journale, welche Titel und Redaktion vielfach wechselten und meist nur ein kurzes Dasein führten.

Von den inzwischen wieder eingegangenen Journalen sind besonders hervorzuheben: Die „Kritischen Blätter" von Pfeil 1823—1859 in 42 Bänden herausgegeben, unter der Redaktion von Nördlinger folgten von 1860—1870 noch 10 weitere Bände.

Eine nicht streng periodische Zeitschrift war Burckhardts „Aus dem Walde", wovon seit 1865 zehn Bände erschienen sind.

Die älteste der noch bestehenden Zeitschriften ist die „Allgemeine Forst- und Jagdzeitung", 1825—1846 herausgegeben von Behlen, fortgesetzt von Wedekind 1847—1855, dann von Karl und Gustav Heyer 1856, vom September 1856—1877 bloß von Gustav Heyer. 1878 führte dieser gemeinschaftlich mit Lorey und Lehr die Redaktion, welche 1879 an die beiden Letztgenannten übergegangen ist.

Das „Tharander forstliche Jahrbuch" (1842 als „Forstwirtschaftliches Jahrbuch" begründet) wurde 1846—1866 vom Freiherrn von Berg, 1867—1887 von Judeich und seitdem von Kunze herausgegeben.

Die „Zeitschrift für Forst- und Jagdwesen" erschien unter der Redaktion von Danckelmann von 1869—1879 in Vierteljahresheften, seit 1. Juli 1879 ist dieselbe in eine Monatsschrift umgewandelt.

---

[1]) Reitter, Johann Daniel, geb. 1759 in Böblingen, gest. 1811 in Stuttgart als Forstdepartementsrat.

Das seit 1879 unter der Redaktion von Baur erscheinende „Forstwissenschaftliche Zentralblatt" ist eine Fortsetzung der 1857 von Gwinner, 1858—1866 von Dengler und dann bis 1878 von Baur redigierten Monatsschrift für das Forst- und Jagdwesen.

Die „Forstlichen Blätter" wurden 1861 von Grunert begründet und erschienen hiervon bis 1868 sechzehn Hefte; 1872 begann eine neue Folge, welche 1872—1876 von Grunert und Leo redigiert wurde, an Stelle des letzteren ist 1877 Borggreve getreten, welcher seit Grunerts Tod (1889) die Redaktion allein führte, 1892 hat Krichler dieselbe übernommen.

Die Österreichische Vierteljahresschrift für Forstwesen ist 1851 begründet worden und wurde seit 1884 von Guttenberg herausgegeben.

Das „Zentralblatt für das gesamte Forstwesen" erscheint seit 1875, vom Jahrgang 1887 ab besorgt Böhmerle die Redaktion.

Als erste forstliche Wochenschrift ist die seit 1883 vorl Hempel herausgegebene „Österreichische Forstzeitung" zu nennen.

In den letzten Jahren ist eine große Anzahl von forstlichen Wochenschriften aufgetaucht, welche jedoch meist vorwiegend dem Interesse des Holzhandels dienen.

5. Kapitel. Jagdwesen.

§ 76. Jagdrecht.

Durch die Entwicklung des Jagdregales war im 18. Jahrhundert das Jagdrecht fast vollständig vom Grundeigentum losgelöst und zu einem entweder dem Landesherrn oder anderen Personen am fremden Besitz zustehenden Recht geworden.

Der erste und wesentlichste Anstoß gegen diese regalistische Auffassung des Jagdrechtes ging von Frankreich aus, wo durch die Revolution in der denkwürdigen Nacht vom 4. zum 5. August 1789 das Jagdrecht auf fremden Grund und Boden, ebenso wie alle anderen grundherrlichen Lasten, aufgehoben wurden.

Für Deutschland geschah das gleiche zuerst in den zeitweilig an Frankreich abgetretenen Gebietsteilen auf dem linken Rheinufer, indem während der französischen Herrschaft das alte Jagdrecht mit den übrigen Feudallasten um 1800 beseitigt wurde, ein Zustand, der auch nach der Wiedervereinigung mit Deutschland aufrecht erhalten blieb.

Im rechtsrheinischen Deutschland dauerte dagegen das frühere Rechtsverhältnis noch längere Zeit fort und erfuhr nur dadurch einige Veränderung, daß in verschiedenenen Staaten die landesherrlichen Jagden ebenso wie die landesherrlichen Waldungen an den Staat übergingen.

Die Beseitigung des fremden Jagdrechtes ist hier ebenso wie die völlige Beseitigung der übrigen Reallasten erst eine Folge des Jahres 1848.

In einigen Staaten (Preußen und Bayern) wurde das Jagdrecht ohne Entschädigung aufgehoben, in anderen (Hannover, Sachsen, Baden) wenigstens als ablösbar erklärt.

In manchen Staaten (Kurhessen, Hessen-Darmstadt) ist das Jagdrecht zwar 1848 aufgehoben, aber in der folgenden Reaktionsperiode wieder hergestellt worden und nur gegen Entschädigung ablösbar.

Die neuere Gesetzgebung hat überall den altdeutschen Grundsatz, daß das Jagdrecht ein Ausfluß des Grundeigentums ist, wieder aufgenommen. Die Beschränkungen, welche nunmehr dem Grundeigentümer in der Ausübung des Jagdrechtes auferlegt sind, stammen lediglich aus polizeilichen Rücksichten.

Gleichzeitig mit dem Jagdrecht auf fremdem Grund und Boden wurden auch die Jagdfolge und die Jagddienste beseitigt.

Schon in den letzten Jahrzehnten des 18. Jahrhunderts hat sich die Auffassung Bahn gebrochen, daß der Jagdberechtigte zum Ersatz des Wildschadens verpflichtet sei. Dieser Grundsatz, welcher zuerst in der österreichischen Jagdordnung von 1786 ausgesprochen worden ist, hat nunmehr fast allenthalben praktische Anwendung gefunden.

Auch das Jagdstrafrecht hat im 19. Jahrhundert eine vollständige Umänderung erfahren, indem an die Stelle der vielfach ganz unverhältnismäßig strengen Strafen äußerst milde Bestimmungen getreten sind, welche vielfach als ungenügend betrachtet werden.

§ 77. Jagdausübung.

Neue jagdbare Wildgattungen sind seit der Mitte des 18. Jahrhunderts trotz zahlreicher Versuche in Deutschland nicht eingebürgert worden, nur die Fasanen haben sich immer mehr verbreitet und sind nun in verschiedenen Gegenden vollständig verwildert.

Andererseits ist auch keine nennenswerte Verminderung der Arten eingetreten und betrifft dieselbe nur die großen Raubtiere.

Die letzten Bären sind in Deutschland 1833 (im bayrischen Wald) und 1835 (Zell bei Ruhpolding) erlegt worden.

Die Luchse sind bereits seit 1819, wo der letzte im Thüringer Wald erlegt wurde, aus dem inneren Deutschland verschwunden; im bayrischen Wald kamen solche noch bis 1846 vor.

Die Wölfe hatten sich während der ersten Dezennien des 19. Jahrhunderts infolge der kriegerischen Verhältnisse abermals erheblich vermehrt, sind aber seitdem so vermindert worden, daß sie an der russischen Grenze nur noch als Wechselwild vorkommen, in Lothringen müssen sie allerdings fast noch als Standwild betrachtet werden.

Die Menge des jagdbaren Wildes hatte um die Mitte des 18. Jahrhunderts ihren Höhepunkt erreicht und war infolge der Zunahme der landwirtschaftlichen Kultur bereits in der zweiten Hälfte des vorigen Jahrhunderts nicht unerheblich vermindert worden, noch mehr war dieses während der ersten Dezennien des 19. Jahrhunderts der Fall. Indessen müssen die jagdlichen Verhältnisse damals immerhin noch als recht günstig bezeichnet werden. Beträchtliche Wildmengen fielen dagegen während der Jahre 1848 und 1849 der entfesselten Jagdlust der Bauern zum Opfer, und auch nach Wiederkehr geordneter Zustände wurde die moderne Gesetzgebung vielfach verhängnisvoll für den Zustand der Jagden. Infolge sorgsamer Pflege haben sich jedoch in verschiedenen Gegenden Deutschlands während der letzten Dezennien wieder so gute Wildstände entwickelt, daß dieselben teilweise im Interesse der Landeskultur, namentlich aber in jenem der Forstwirtschaft, als zu bedeutend bezeichnet werden müssen.

Mit der Änderung des Jagdrechtes, der Verminderung des Wildstandes und der Aufhebung der Jagddienste war auch eine beträchtliche Umgestaltung der Jagdmethoden verbunden. Die großen eingestellten Jagen und ebenso die Parforcejagden haben mit verschwindenden Ausnahmen ganz aufgehört. An ihre Stelle sind die einfachen Jagdmethoden: Suche, Anstand, Pürschen und Treibjagd getreten.

Das wesentlichste Hilfsmittel bei der Jagd bildet nunmehr das in neuerer Zeit so sehr vervollkommnete Gewehr. Der Verfall der alten Jägerei hatte eine sehr ungünstige Wirkung auf die Anzucht guter Hunde geübt, von denen verschiedene Rassen infolge der veränderten Jagdmethoden ganz ausgestorben sind. In neuester Zeit wird auf diesen Gegenstand wieder besonderer Wert gelegt.

§ 78. Jagdlitteratur.

Das berühmteste Werk auf dem Gebiete der Jagdlitteratur des 18. Jahrhunderts sind Döbels „Neu eröffnete Jägerpraktika", 1. Aufl. 1746, welche beim Studium der Jagd in ihrer Blütezeit auch heute noch in erster Linie beachtet werden müssen.

Hieran reiht sich unmittelbar das „Handbuch für Jäger und Jagdfreunde" von Dietrich aus dem Winckell,[1]) in erster Auflage 1805 und 1806 erschienen, die dritte und vierte Auflage wurden 1858 bezw. 1865 von Tschudi herausgegeben.

Sehr lange hat sich auch G. L. Hartigs „Lehrbuch für Jäger und die es werden wollen" behauptet, die erste Auflage erschien 1808, die sechste bis elfte Auflage (1877) sind von Theodor Hartig bearbeitet worden.

Aus dem immer mehr anschwellenden Strom der jagdlichen Litteratur ist noch besonders hervorzuheben: Diezel,[2]) Erfahrungen aus dem Gebiet der Niederjagd, 1. Aufl. 1849, 7. Aufl. 1892.

Die neueste Zeit hat ferner noch eine fortwährend steigende Zahl von jagdlichen Zeitschriften zu verzeichnen.

---

[1]) Aus dem Winckell, Georg Franz Dietrich, geb. 1762 auf dem Rittergut Priorau (Sachsen), gest. 1839 in Schierau, von 1812—1832 Verwalter der freiherrlich von Thüngenschen Familienwaldungen.

[2]) Diezel, Karl Emil, geb. 1779 zu Irmelshausen a. d. Milz, gest. 1860 zu Schwebheim, von 1816—1852 kgl. bayrischer Revierförster zu Kleinwallstadt.